How to Get the Green Light

GOサインを得るコツ55

通す力

松尾昭仁 Akihito Matsuo

自由国民社

はじめに

この本はプレゼンなどの場面で、いかに通すか――つまり「通す力」のノウハウをお伝えしています。ただ、お伝えしたいのはそれだけではありません。通す力が付くと、毎日が劇的に楽しくなります。少し大げさに聞こえるかもしれませんが、人生が変わるのです。なぜなら、誰も気づかないうちに、私たちは毎日たくさんの交渉事をしているからです。社内やクライアント先で仕事をしているときだけでなく、夫婦でも、親子でも、友達同士でも、恋人同士でも、無意識のうちに通す力が試されているのです。

人間関係、いや人生すべて、通す力しだいだと言っても言い過ぎではありません。だから通す力が付くと、仕事がうまくいくだけでなく、人間関係全般が円滑に動き、ストレスなく、あらゆる物事を自分の思い通り進められ、コントロールできるようになります。

あなたがもし、通す力に苦手意識があるのなら、ぜひこの本を読んで、その悩みを解決してください。通す力がない人は、これまで方法を教えてくれる人がいなかっただけなのです。

通す力というと「相手を打ち負かす」とか「相手に勝つ」というイメージが強いかもしれません。

しかし、相手を打ち負かし自分だけ勝つことは、良い意味での通す力ではありません。なぜなら、その人の恨みや嫉妬を買い、波風を立ててしまうからです。

私がお伝えしたいのは、周囲の人が納得し応援してくれる、通すための交渉力です。相手が喜び、自分が得をする方法。そのコツは「礼儀正しく図々しく」——この言葉に集約されます。「礼儀正しく、ファースト」「図々しく、セカンド」です。

本書では、

「ザコは相手にするな！」

「裏の欲求を刺激せよ！」

「ポーズでもいいから、メモを取ったフリをしろ」

「嘘も方便で、グイッと通せ」

「まずは自分をクロージングする」
など、一見えげつない、ともとれる項目もありますが、これらはすべてリアルなビジネスの現場から私自身がインプットし、試行錯誤を繰り返しながら効果的なものを体系化したノウハウばかりです。

これから公開する「通す力」の具体例は営業マンや経営者だけでなく、入社1年目の新人社員から、管理職、ベテラン社員、役員まで、仕事をしている人たち皆さんに役立つ、一生モノのビジネススキルです。

もちろん、プライベートでも使ってください。友達との関係も、恋人との関係も、家族との関係も、考え方はすべて同じです。「通す力」が身に付けば、人間関係が有利に、そしてスムーズに進んでいくようになり、あなたのストレスは格段に減るでしょう。

この本をきっかけに、毎日が楽しく、ストレスフリーに過ごしていただけるのなら、著者としてこんなに嬉しいことはありません。

２０２０年8月吉日

松尾　昭仁

Contents

「通す力」は礼儀正しくも、図々しいに集約される

あなたは、プレゼンなどの通す場面で、提案するサービスや商品が、最初から「採用される」と思っていますか？「正直、無理かもしれない」と思いながらプレゼンする人も多いのではないでしょうか。

では、それはなぜでしょうか。提案するものに対して、受け入れてもらえるか、自信が持てないからだと思います。しかし、それは大きな勘違いなのです。

あなたの提案の９割は、採用か否かのボーダーライン上にいるのです。

相手にメリットがあるからこそ、私たちは提案を行っています。私は出版スクールを運営しています。なぜ、この事業を立ち上げたのかといえば、本を出版することで、人は「強力なブランディングになる」など、多くのメリットが得られるからだと確信したからです。だからセミナーに来た人に「本を出しましょう」と提案しているのです。

大学卒業後、人材派遣会社に就職した私が、一番苦手だったのが、飛び込み営業でした。断られるのが怖くて、そして嫌われるのが怖くて、相手の会社に飛び込み営業する勇気がわいてこなかったのです。

１００件飛び込み営業して、70～80件断られれば、70～80人に嫌われてしまう――そのことが怖かったのです。

私のようなダメな営業マンがいる一方で、成績の良い営業マンもいます。あるとき、その先輩の営業マンは、私にこう言いました。

「１００件営業して、90件断られるってことは、10件には喜ばれてるんだよ。そっちに気持ちをフォーカスしないとダメだよ」――。

この言葉から気づかされたのは、自分が提案するものに対して、メリットを感じてくれる人は、必ずいるということだったのです。また、断られた90件についても、人材が足りなくなったとき、先方から連絡が入ることも多いと、その先輩は言いました。

このことからわかったのは、相手にとってメリットのある提案は、まさに採用か否かのボーダーライン上にいるということだったのです。

本書を手に取ったあなたに、まず肝に銘じてほしいのは「相手にメリットがある提案をする」ということです。この大前提がなければ、本書はまったく役に立ちません。双方の得になる提案をしなくてはいけません。

とはいえ、です。

同じ会社で、同じ商品やサービスを扱っていたとしても、「通せる人」と「通せない人」がいるのも事実です。あなたの会社もそうだと思います。

では、「通せる人」と「通せない人」との違いは何か。同じ商品を扱っているのですから、そこには何か違いがあるはずです。

それこそが「礼儀正しくも、図々しい」――なのです。

社会人である上で、礼儀正しさはマストです。タレントの陣内智則さんは、取材などを受けるとき、イスの背もたれにもたれることなく、前のめりの姿勢で真摯に話を聞くそうです。

あなたは、通す場面で礼儀正しさを貫いていますか？　相手が「無礼だ」と感じないように心掛けること――それが礼儀正しさにつながります。

服装で考えてみましょう。私は講演を行うときは、ノーネクタイが基本ですが、業界によってはネクタイ着用が常識というケースもあります。そのため事前に「ネクタイはしたほうがいいか」を必ず聞くようにしています。講演に呼ばれる場合は「向こうから打診があったから」と、自分のスタイルを優先しがちですが、それはダメなのです。「相手は無礼と感じるか」を考えて行動すべきです。

礼儀正しさは、細かいところまで配慮すべきです。

例えば、名刺交換――。あなたは交換した名刺を、最後、名刺入れに入れるとき、どうしていますか？

「え？　普通に入れているけど」という人が多いでしょう。私の知り合いの女性社長は「名刺は、相手ご本人」という信念を持っています。そのため、その名刺を本人だと思い、丁寧に丁寧に扱いながら、名刺入れに入れているそうです。もし渡した名刺を、そのように扱ってもらったら、嫌な気持ちになりますか？　嬉しい気分になりますよね。そこまでしろとはいいませんが、名刺1枚でも、しっかり気を遣うべきなのです。

特に、年功序列の世代は、礼節を重んじる傾向が強いといえます。採用か否かのボーダーライン上にいる提案は「否」に回されます。

では、礼儀正しければ「通せる人」になれるのでしょうか。

礼儀正しさがあれば、プレゼンは優位に進むとする本なども出ていますが、私は、そうは思いません。

礼儀正しさは重要ですが、そのぶん身に付けている人も多く、それだけでは提案を通すまでの力は持っていません。人というのは、サービスや商品の良さには、なかなか気づくことができません。もっというと、気づきたくないともいえます。

提案の9割は、採用か否かのボーダーライン上にあるとしても、相手は、断る理由をいつも探しています。採用すれば、当然、それなりの手間と費用がかかります。採用したことによる責任も生じます。

そんななか、礼儀正しさだけを考えてプレゼンをしたのでは、拒否反応を示している人の心を変えるまでにはいきません。

そこで大切になるのが「図々しい」なのです。

あなたは「図々しい」に、どんなイメージを持っているでしょうか？「自分勝手なふるまい」「厚かましい」といった具合に、マイナスな印象を抱く人が多いかと思います。

しかし、プレゼンの内容をしっかり相手の心に届けるには、少なからず図々しさが必要不可欠なのです。

そして、ここが肝心なポイントなのですが、そもそも相手はこちらが考えるより「図々しい」とは思っていないものなのです。

友達が財布を忘れて「2000円貸して」と言われたら、あなたは、どうしますか？「うん、いいよ」と、気軽に貸してあげるのではないでしょうか。

では、あなた自身が財布を忘れた場合、2000円を借りることはできますか？

多くの人は「ちょっと図々しいかもな」と、借りるのをためらうのではないでしょうか。

図々しさの度合いは、受け手と送り手によって、これほどまで差があるのです。私のこれまでの経験上、自分が図々しさを「10」感じているとしても、相手は「2」程度にしか感じていません。

なぜ、こうしたギャップが生まれるのかといえば、人は自意識過剰だからです。少し図々しいことを言うと、自意識過剰に「言い過ぎた！」と思ってしまうのです。

さらにあなたは「礼儀正しい」を貫いた上での「図々しい」です。相手は、ほとんど図々しいとは感じないのです。

自分の提案を、相手の懐にグイっと入り込ませるためには、図々しいくらいがちょうどよいのです。心にまで届けば、その提案が採用される確率はグンと高まります。

次章で「礼儀正しくも、図々しい」テクニックを、55個紹介しています。「通す場面」でうまく使って、グイグイ、採用を勝ち取ってください。

通す力 55の法則

通す力

01

図々しい度 ★★★★★
礼儀正しい度 ★★★★☆

ザコは相手にするな！

決定権を持っていないザコに力を注ぐのは、時間のムダ。
ザコはうまく使って、決定権者へのつなぎ役にせよ！

例えば、あなたが新商品の売り込みをした場合、それを受けたクライアントは、社長や営業局長、役員といった〝決定権者〟の承認を得て、採用を決めるのが大半です。平社員などの担当者レベルに決裁権がある会社は、ゼロといっていいでしょう。

一方で、クライアントの窓口となるのは、決定権者ではない立場の社員であることが普通です。私が声を大にして言いたいのは「こうした社員――ザコに力を注ぐのは、時間のムダ!」ということです。

会議室でザコにペコペコ頭を下げても、その人には権限はないのですから、はっきりいって意味がありません。「だけど、その社員が上司（決定権者）を説得してくれるから、ムダとはいえないのでは？」と反論する方もいるでしょう。

それでもやはり、ムダです。

あなたが逆の立場だったら、必死に上司を口説くでしょうか? 少なくとも、その新商品に対する情熱は、営業マンより低いことは否めません。

権限がない人に頭を下げるのも、決定権者に頭を下げるのも、かかるコストはほぼ同じ。であるならば、決定権者に直接売り込みをするべきです。

方法は簡単です。

担当者に、誰が決定権者であるかを聞いた上で「1度、ご挨拶をさせてもらえませんか？」とお願いすればいいのです。「今回のご提案には、とても力を入れているので」と、挨拶する理由を付けてもよいでしょう。「上司に売り込みをさせてください」とは言ってはいけません。それは担当者が嫌がります。でも挨拶ぐらいであれば、相手も「嫌だ」とは言えないものです。

決定権者に会えたら、印象付けを行う

そうして実際に決定権者に会うことができたら、もちろん「挨拶」だけにとどまってはいけません。こちらの印象付けをすることが大切です。

私が、ある出版社に自著の売り込みをしたときのことです。社長に挨拶する機会を得たのですが、そのとき私は「今回の本は手堅く2万部狙います」と言いました。

普通、こういうときは「ベストセラーを狙います」「10万部をめざします」などと、大見得を切るケースが多いのですが、私はあえてそうしませんでした。それでは版元の社長に「出版のことをよく知らない人物」という印象を与えてしまうからです。

実際、あとで担当者に聞くと「現実的で、野心のある人物だ。彼は面白いから大事にしよう」と言っていたそうです。私は社長に「好人物」と思ってもらえるようなアプローチを心掛けました。

なお、決定権者は、必ず担当者を通して紹介してもらうこと。担当者を飛び越えてしまえば、当然、不快な気持ちを与えてしまいます。これでは通る案件も、通らなくなります。

一方、担当者から紹介してもらう形を取れば、決定権者は「良い人物と付き合っているな」と、その担当者の評価も上げます。彼の社内的な立場は良くなるでしょう。

彼は、あなたのために働いているのではなく、「自分のために働いているのだ」と考えるようになります。このタイミングで「一緒に頑張りましょう」と言えば、担当者は、一緒に頑張ろうという気持ちになり、自分から積極的に、社内であなたの企画を通そうと動いてくれるようになるのです。

通す力

02

図々しい度 ★★★★★

礼儀正しい度 ☆☆☆☆☆

裏の欲求を刺激せよ！

人がモノを買うときは「建前」と「本音」がある。
「建前」だけを刺激しても、
相手の心に刺さらない。
裏の欲求である「本音」も刺激せよ！

私は出版スクールを運営し、士業や各種コンサルタント、起業家などを相手に、ビジネス書を商業出版するお手伝いをしています。

彼らにとって、本を出すのは、いうまでもなく「自分のビジネスを拡大する」ためです。「親孝行のため」という人もいます。

出版スクールに興味を抱く方々を相手に、親睦会を開いたときのことです。ある起業家の男性が「『お客様が増える』といった以外にも、出版のメリットはありますか？」と聞いてきました。そこで私は、こう答えました。「著者は、女性にモテますよ」――。すると、その男性は「マジですか⁉」と、身を乗り出すではありませんか。「そうですよ。本を出すことは、それほどのパワーがあるんです」と伝えました。

1年後、無事、彼の本は出版されましたが、打ち上げの席で、私に「モテるという言葉が本を出すモチベーションになりました」と、笑って打ち明けてくれました。

じつは、私が「モテる」と言ったのは、当時、出版スクールに通うか悩んでいた彼の背中を押す意図もありました。

人がモノを買うときは「建前」と「本音」があります。

本の出版でいえば「自分のビジネスを拡大するため」が「建前」です。そして「モテるため」が人には言えない「本音」というわけです。

「本音」は、裏の欲求と言い換えられます。そして裏の欲求は、個人の欲求を満たすためだといっていいでしょう。この裏の欲求に気づかせてあげることで、人の購買意欲を飛躍的にアップさせることができるのです。

通す場面でも、このテクニックを使うことが大切です。「建前」を前面に出しながら、ちょろっと「本音」もちらつかせて、プレゼンするのです。

例えば、業務改善の提案をする際は「1時間のスリム化を図れます」といった、会社にとってのメリット（建前）を語りつつ、「部長も早く帰って、ご家族と一緒に夕食が食べられますよ」と、裏の欲求も刺激してあげるのです。正面突破よりも、通る確率は、確実にアップします。

なお、プレゼンの場面では、あくまでも「建前」を前面に出すこと。裏の欲求である「本音」をメインにしてしまえば、体裁を気にして、首をたてに振らなくなるので、ご注意を！

通す力

03

図々しい度 ★★★★☆

礼儀正しい度 ★☆☆☆☆

「えこひいきしています！」と宣言する

人間はとにかく特別扱いされたくて仕方がない。

誇張気味のえこひいきの言葉で、相手の心をつかめ！

以前、名刺に携帯電話の番号を印刷するのが流行った時期がありました。そのとき私は、あえてそうしない戦略を立てました。なぜかといえば、特定の人を「えこひいき」するのに、使えると思ったからです。

具体的には「この人とは長く付き合っていきたい」と、思う人と名刺交換をするとき、ささっと、名刺の裏にペンで携帯電話の番号を書き込むのです。そして、こう言います。

「普段、携帯番号は書かないのですが、○○さんには今後、お世話になると思うので！」――。

まるでキャバクラ嬢のようなセリフですが、これが結構効くのです。人間というのは、とにかく特別扱いされたくて仕方のない動物です。「自分にだけ番号を教えてくれている」というのが、嬉しくてたまらないのです。

飛行機のファーストクラスでは、乗務員から「○○さま」と、名前で呼ばれます。これも、特別扱いされたいという人間の欲を満たすためなのです。エコノミークラスの客とは一緒にされたくない気持ちを先取りして、だから名前で呼んでいるのです。

通す場面でも、相手をどんどん「えこひいき」しましょう。

私が自分の本を出版社に売り込むときは、いつも編集者に「御社で本を書くのが夢で、これまでずっと頑張ってきました」と言っています。毎回、です。この本をプレゼンするときも、自由国民社の編集者にそう言いました。

相手は「ウソ」だって気づいている

「そんなのウソだって、相手にバレバレでは?」という反論の声が聞こえてきそうですが、その通りです。

相手はもちろん「うちの出版社でなくてもいいんでしょ」と思っています。それでも、言われたほうは嫌な気はしません。「そんなわけないじゃん」と思いつつ、嬉しい気分になるのです。

ですから、通す場面では、どんどん「えこひいき」をしていきましょう。

「御社について知れば知るほど、私はファンになってしまいました。できるならば、そちらで働きたいくらいです!」と言いましょう。

ただし、相手を「えこひいき」するときには、1つ注意してほしいことがあります。それは、相手を白けさせないということです。相手が思っている150％くらい誇張して言うのがポイントです。200％になると、あまりにウソっぽくなり、相手が白けてしまいます。

例えば、50歳の女性に対して、若く見えることを伝えるには、何歳くらいと言えばいいと思いますか？　まず「40歳くらいに見える」は、120％くらいの誇張で、相手は嬉しくありません。「20代くらいに見える」もダメです。あまりにウソ過ぎて、相手は白けます。正解は「30代後半」です。相手はお世辞だと理解した上で、それでも、良い気分になります。150％程度の誇張がベストなのです。

通す力

04

図々しい度 ★☆☆☆☆

礼儀正しい度 ★★★★☆

提案は松竹梅の法則を使え

売りたいモノは、それ単体で提案するな。
売りたいモノの間に
「高いモノ」と「安いモノ」をはさみ込めば、
黙っていても、人は真ん中のモノを選ぶ！

私の出版スクールのコース代金は85万円なのですが、もう1つ、毎月2名様限定の「商業出版塾フルパックコース」というコンサル商品もあります。商業出版保証とゴーストライター付きで、その代金は２９０万円です。高いですよね？　はい、私も高いと自覚しています。

なぜ、２９０万円のコンサル商品をラインナップしたのか？　それは、どうしても本が出したいお客様の要望に応えるためです。しかしながら、その理由が〝一番〟というわけではありません。私の中では、85万円の一般コースが「高く感じない」ことを狙った部分が大きいのです。

この戦略は、ビジネス心理学の「松竹梅の法則」がもとになっています。

松竹梅の法則とは、三段階の選択肢を前にすると、人は、真ん中のものを選ぶ傾向が強いという心理傾向をいいます。お寿司屋さんに「松６０００円」「竹３０００円」「梅２０００円」の3つのメニューがあった場合、多くの人は「竹」を選ぶ傾向にあります。このときの人の心理は次の通りです。

「一番高いものは、さすがにちょっと？　一番安いものを選ぶとケチだと思われそう。だったら真ん中が無難かな」――。

では「竹３０００円」と「梅２０００円」の２つだったら、どちらを選ぶでしょうか。多くの人が「梅２０００円」と答えるのではないでしょうか。

２つだけになると、高いものは避けて、安いほうにお得感を感じるのです。私が２９０万円と85万円と２つのコースを設けたのは、そのためなんです。２９０万円のコースが、そうそう売れるとは思ってはいません。高いコースを置いておくことで、85万円のコースが「割安」と感じてもらいたかったのです。

通す場面でも、この心理を利用しない手はありません。

例えば、不動産の賃貸物件のセールスの場面で、お客様に20万円の物件を提案したい場合は、その物件だけを紹介してはいけません。豪華な50万円の物件と簡素な10万円の物件も見せることが大切です。あるいは私のように、豪華な50万円の物件だけを見せてもいいでしょう。

なお、このときは「紹介する順番」にも配慮すること。最初に20万円の物件を見せてしまえば、ほかと比較せずに、その物件を「買うか、買わないか」の判断をするようになります。最初に紹介するのは、豪華な50万円の物件、次に紹介するのは、簡素な10万円の物件、そして最後に、20万円の物件を紹介するのです。

通す力

05

図々しい度 ★★★★★

礼儀正しい度 ★★★☆☆

権威付けをして、好印象を抱かせろ！

人は権威にめっぽう弱い動物。
金で買える権威、金では買えない権威を
徹底的に利用して
ファーストコンタクトで優位に立て！

私が今の会社を立ち上げ、講師を務め始めたのは、２００５年のことでした。当時は、お金がない状態でしたが、あえて33回払いのローンで購入したアイテムがあります。それは金のロレックスの時計です。

なぜ、金のロレックスの時計をローンを組んでまで買ったのかといえば、ファーストコンタクトのとき、相手から好印象を抱いてもらうためです。金のロレックスを身に付けていれば、相手は、私のことを売れている講師だと思います。その結果、「この人は信用できる」と判断すると考えたのです。

セミナーの会場は、東京の西新宿を選びました。「いい立地場所だな」と思ってもらうためです。セミナールームの名前は「ネクストサービスセミナールーム・新宿ファーストステージ」といいます。「ファーストステージ」と付けたのは、「セカンドもある＝繁盛している」と思ってもらうためです（実際は1つしかありません）。

人は「権威」にめっぽう弱い動物です。金のロレックスの時計も西新宿の立地も、名前も、会社の権威付けのために利用したというわけです。

通す場面でも、権威付けは大きな力を発揮します。ファーストコンタクトで好印象を持ってもらえれば、一歩優位な状態で、実際のプレゼンに挑めるからです。

権威は、金のロレックスの時計の例でわかるように、お金で買うことができます。芸能事務所のスタッフは、タレントをクルマに乗せて、現場入りするため、高級車で見栄を張ります。これも芸能事務所やタレントの権威を高めるための戦略です。

お金で買えない権威は、さらに威力が高い

一方、お金では買えない権威もあります。そして、お金では買えない権威は、お金で買える権威よりも、強大な威力を持ちます。よくテレビなどで「元マッキンゼー」などの肩書の人を見かけませんか？　これこそがお金では買えない権威です。

私の出版スクールの生徒の中に、マイクロソフトとＩＢＭで役員まで務めた女性がいました。「その肩書を利用しましょう」と言うと、彼女は「あくまでも〝元〟ですから……」と、私の提案を拒否しました。実際、こういう人は多くいます。しかし、それは大きな勘違いです。その女性の職歴は、大きな権威付けになります。その価値

が伝わって初めて、その人の人間性を見てもらえるようになるのです。

そのことを伝えると、その女性は「なるほど！　使えるものは全部使ったほうがいいですね」と言って、以降は、自分の職歴を武器にしてプレゼンに挑み、本を出す夢を叶えました。

ぜひ、1度自分の棚卸しをして、ご自身の武器を見つけてください。もし「自分には権威付けする材料がない」と思ったら、まわりに、自分の強みとなる部分がないか、聞いてみてください。

例えば、「東大＝仕事ができる人」というイメージが強いため、東大卒の人の中には、その事実を隠したがる人もいます。私の出版スクールにも、東大卒の生徒が数人いますが、何人かの人は隠したがります。私はいつも「それはもったいないことです。僕だったら、Tシャツの背中に〝東大卒〟とプリントして歩きたいくらいです」とアドバイスします。その人が学生時代に必死に頑張って手に入れたモノ（学歴）を「権威」として使わない手はないからです。

大切なことはあえてゆっくり、低音で話す

通す力

06

図々しい度 ★☆☆☆☆

礼儀正しい度 ★★★★★

人は緊張すると、早口で、甲高い声になりがち。
でも、それは相手にはウソっぽく感じられる。
自分の言葉を相手に届けるには
間を取りながら、ゆっくりと低音で話せ！

通す力 06 大切なことはあえてゆっくり、低音で話す

人は緊張すると、つい早口になってしまうものです。通す場面は、まさに緊張の場面。速射砲のように話してしまいがちです。

もう1つ、早口になる場面があります。それは、ウソをついているとき。20世紀を代表するアメリカの心理学者ポール・エクマンは、心理に〝恐れ〟があると、人は早口になると語っています。早口でウソを隠そうとしているというわけです。

つまり、通す場面で早口で話してしまうと、聞く側に「ウソっぽいな」という印象を与えてしまう可能性があるのです。

早口だと、言葉が軽く感じられるデメリットもあります。さらに、よほど滑舌がよくない限り、何を言っているのか理解できなく、人の心に入っていかない側面もあります。

このように、早口で話す行為は、通す場面において、何1つメリットがないのです。

さらにポール・エクマンは、慌てると人は、声が甲高くなるとも、語っています。

確かに、緊張の場面では、早口だけではなく、つい声も高くなってしまいますよね。これも聞く側にとってみれば、少々耳障《ざわ》りです。

早口で、甲高い声は、デメリットだらけ

緊張のあまり、早口で、甲高い声で話すことは、百害あって一利なし――まずは、このことを、肝に銘じてください。通す場面では、ゆっくりと、低音で話すことが、何よりも大切なのです。

では、どのくらいゆっくり話せばいいのでしょうか。私がおススメするのは、自分でちょっとゆっくり過ぎるかなという程度です。それぐらいで、言葉は相手に重く届きます。

ただし、通す場面のすべてで、ゆっくりと、低音で話す必要はありません。それでは、喋《しゃべ》りの遅い人と思われるだけです。

話の核心に迫ったときに、ゆっくりと、低音で話すようにしましょう。そうすれば、その言葉は、重いものになります。

通す場面では、話の途中で〝間〟も作っていきましょう。

通す力 06 大切なことはあえてゆっくり、低音で話す

２００１年５月の大相撲夏場所で、当時の小泉純一郎首相が優勝した貴乃花に、総理大臣杯を授与するときに「痛みに耐えてよく頑張った。感動した！」と発言しました。この言葉は流行語になりましたが、そこまで人々の記憶に残ったのは、小泉元首相の〝間〟の取り方が絶妙だった点が挙げられます。

「頑張った」と話したあと、一呼吸おいて、それから「感動した！」と言ったのです。それにより「感動した！」という言葉が重くなり、人の心に刺さったのです。

〝間〟は、相手に考える時間を与えるためにも有効です。通す場面で、売りたい商品の特徴を述べ、その後で、値段を伝えたとします。このとき〝間〟を置かずに「お値打ちでは？」と言ってしまっては、相手は「そうですね」とは言いません。逆に、その強引さに辟易してしまうことも考えられます。

一呼吸、〝間〟を置くことで、相手に考える時間を与えられます。そして、頃合いを狙って「お値打ちです！」と言うことで、相手の納得を得られるのです。

通す力

07

図々しい度 ★☆☆☆☆

礼儀正しい度 ★★★★★

相手に合わせて、話し方のペースを変えろ

自分のペースで話し続けると、
相手は不快を感じるようになる。
早口の相手ならば、あなたも早口で話す。
そうすれば相手は心地良さを感じる。

通す力 07 相手に合わせて、話し方のペースを変えろ

通す場面では、話の核心に迫ったときには、あえてゆっくり、低音で話すことが大切になりますが（36ページ参照）、これは自分のペースに相手を巻き込んでいる状態ともいえます。

あなたは、黒柳徹子さんの看板番組である「徹子の部屋」を見ると、いつも黒柳さんのペースだなと感じませんか？　あれは彼女の早口トークによって、出演者はもちろん、私たち視聴者も、彼女のペースに巻き込まれているからです。

黒柳さんの場合は、そういうテレビの演出のため、みんな楽しく観ることができますが、一般の人が、黒柳さんのように自分のペースで話し続けていたら、相手側は、あまり心地いいものではありません。

ゆっくり、低音で話すのを、話の核心に迫ったときに限定すべきなのは、ずっと自分のペースを貫いてしまっては、相手は不快を感じるようになる可能性があるからです。

では、ここぞというとき以外では、どんな話し方を心掛ければ良いのでしょうか。

それはズバリ、相手の話し方に合わせる――これに尽きます。相手が1人であれば、その相手の話し方に合わせます。相手が複数いる場合は、決定権者（ボス）の話し方

に合わせます。

相手の話し方に合わせると、相手は、そのリズムに心地良さを感じるようになります。相手が早口であれば、こちらも早口で話すようにすると、相手は自分のペースで会話が進んでいると感じます。口下手でボソボソと話す相手であれば、こちらも、そのペースに合わせるのです。

声のトーンも、相手に合わせる

また、声のトーンも合わせましょう。渋谷１０９の店員の声が甲高いのは、なぜだか知っていますか？　10代女性の客層に合わせているのです。40代男性にとっては不快に感じる声のトーンですが、若い女性にとっては、心地良く感じるのです。

一方、一流ホテルのボーイは、ゆっくり低い声で話します。これは、高い年齢層のお客様の声のトーンに合わせているからなのです。逆にいうと、お金のない人が入ってこれないようにしているのです。

通す力

08

図々しい度 ★☆☆☆☆

礼儀正しい度 ★★★★☆

ポーズでもいいから、メモを取ったフリをしろ

相手からのアドバイスには「なるほど」などの相槌だけではなく、その言葉をメモせよ。「その言葉、メモしていいですか?」とひと言添えれば、なおよし。相手はご満悦!

通す場面では、相手からアドバイスや意見をもらうこともあるでしょう。そのときの相手の気持ちはわかりますか？　それは「俺、凄くいいことを言ってるでしょ？」です。その承認欲求を満たしてあげれば、相手は嬉しい気持ちになり、あなたに好感を持つようになります。

したがって、アドバイスなどをもらったとき、スルーするのは、絶対にしてはいけません。相手は「なんだ、こいつは」という気持ちになります。

では、「なるほど」「そうですね」といった具合に、相槌を打つのは、どうでしょうか。通す場面では、多くの人がやっている行為だと思います。悪くはありません。しかし、相手の承認欲求を満たすには、まだまだ足りません。

相手の言葉をメモすること――これが大切なのです。「なるほど」「確かに」といった言葉とともに、メモをするのです。その際は、顔つきも大切です。「勉強になるなぁ」といった顔で、メモを取ってください。

さらに相手を喜ばせるテクニックがあります。

相手が良いことを言ったら、「今の言葉、メモを取らせてもらってよろしいでしょうか」とあえて聞くのです。すると相手は「いいですよ」と必ず言います。もうご満悦です。

「ためになる言葉なんてなかった！」というケースもあるでしょう。そんなときはポーズでもいいのです。たいした言葉でなくても「なるほど」と相槌を打って、ノートに「あいうえお」などと適当な言葉をメモしておきましょう。

ここぞの場面で、メモを取ることが大切

ただし、何でもかんでもメモだと、相手は「議事録を取っている」としか思わなくなります。通常は「なるほど」などと相槌を打って、ここぞの場面でメモを取るようにしましょう。

メモを取るのは、紙のノートがベストです。最近は、パソコンでメモを取っている人も多いですが、ノートのほうがリアル感が出るので、おススメです。ただし、相手側もパソコンでメモを取っている場合は、パソコンでＯＫです。

ただしスマホでメモを取る行為は、ＮＧです。「こいつは俺の話がつまんないの

か」と思われる可能性があるからです。特に年配の人は「スマホ＝遊びかゲーム」と捉える傾向が強いのです。

メモ作戦は、その場だけでなく、その後も再利用しましょう。相手にお礼メールなどを送るときに、メモした言葉を書くのです。

ps. 先日の「社会貢献にもつなげてほしい」というお言葉が心に刻まれました。

こうした一文によって、相手は「この人は、本当に私の話を聞いていたんだな」と思うようになります。

たった1つの言葉ながら、全編を通して、自分の話に耳を傾けてくれていたと考えます。相手の承認欲求は最大限満たされることになります。

その結果、「見応えのある人物」と認め、ぜひ一緒に仕事をしたいと願うようになるのです。

通す力

09

図々しい度 ★☆☆☆☆

礼儀正しい度 ★★★★★

最短時間で話せ、時間泥棒になってはいけない

決定権者と2時間会うと、相手は1万円の時給が発生していることを認識しよう。

通す場面では、最短時間でアポを取り、時間泥棒にならないように配慮せよ。

出版コンサルティングをしている私のもとには、「急ぎで相談に乗ってほしい」という連絡が時々届きます。先日、とある方から「3時間ほど時間をいただけませんか?」と言われ、これは大きな相談ごとだなと思い、実際に会ってみると、相談内容自体は10分程度で済むものでした。そして、話している内容の8割以上が、意味のないもので、私は「この人は仕事ができないんだろうな」と残念に思ったのです。人は、自分の気持ちを伝えたいと思えば思うほど、クドクドと話してしまいがちです。

しかし、相手は時間をわざわざ割いて、会ってくれていることを忘れてはいけません。相手の時間を奪う〝時間泥棒〟になってはダメなのです。

時間泥棒された側は、不快な気持ちを抱きます。特に相手が、決定権者など力を持っている場合は、その不快指数は相当高くなります。

あなたは、労働時間をお金に換算する習慣を身に付けているでしょうか。年収1000万円の人は、時給5000円程度になります。

つまり2時間程度の打ち合わせの場合、相手は1万円分のコストが発生していることになるのです。

それだけに、通す場面では、1時間程度でアポイントを取るのが限界だと考えてください。相手が多忙だと判断したら30分でも良いと思います。

また、時間が長くなると、相手も「何か質問しないといけない」という気持ちになり、思わぬツッコミが入ることも考えられます。その結果、悪いリアクションがあるかもしれません。

それに長時間だと、どんなに内容が良くても、相手は「話が長いなぁ」としか考えられなくなります。結婚式の挨拶では、長すぎる話は、いいことを言っていたとしても、マイナスな印象しか持ちませんよね？　それと一緒なのです。

話す内容については、相手がもう少し聞きたいくらいで終えることがポイント。なぜかといえば、もう1度会いたいと思ってもらえるからです。そして会う回数が増えれば、それだけお互いの信頼関係も築くことができます。

一方、あれもこれも詰め込んで話すと、相手はお腹いっぱいになり、もう十分という気持ちになり、お互いの関係性は平行線をたどったままになります。

ぜひ、最短時間で話す習慣を付けましょう。

あとでと言わず、今すぐと答えろ

通す力 10

図々しい度 ★☆☆☆☆

礼儀正しい度 ★★★★★

クライアントから何か依頼を受けたら「今すぐやります」と答えよ。あと回しにすると、熱意がなく、仕事もできないと、判断されてしまう！

通す力 10 あとでと言わず、今すぐと答えろ

あなたは、上司から「この資料をエクセルにまとめてくれないか？」と頼まれたら、どのような行動を取りますか？「了解です。いつまでに必要ですか？」と言う人が多いのではないでしょうか。

人はどうしても、自分を忙しく見せようとします。それゆえ「いつまでに必要ですか？」と、つい自分の忙しさをアピールしてしまうのです。

「通す力」がある人は違います。

どうしてもほかにすべきことがあれば、そちらを優先させることもあるでしょうが、そうでなければ、「はい」と言って、その作業にすぐに取り掛かります。

なぜかといえば、相手に喜ばれるからです。あなたが相手の立場だったら、「あとでやります」と言って、その資料を横に置く人と、「了解です」と言って、すぐに作業に取り掛かる人と、どちらに好印象を抱きますか？　後者ですよね。「あとで」と言われるよりも、2倍は嬉しく感じるはずです。前者のケースだと、もしかしたら「なんだよ、あと回しかよ」と、イライラした気持ちになるかもしれません。

また、今すぐ行動する人は、仕事ができるとみなされます。よく「忙しい人に仕事を頼め」と言いますが、これは、忙しい人ほど、効率良く仕事をこなすからです。あ

と回しにする人は、仕事ができないと判断される可能性があります。

今にしろ、あとにしろ、どうせやるのですから、だったら相手に喜ばれるように、今すぐやったほうが得策なのです。

それに、あと回しにすると、「忘れないように覚えていなくては」と思うようになり、これが大きなストレスになります。脳のスペースを空ける意味でも、今すぐ行うことが大切なのです。

通す場面では特に、「今すぐ」をモットーにしましょう。例えば、クライアントから「見積もりを作ってください」と言われたら、こう返すのです。
「わかりました。ぜひ頑張りたいので、上司とかけあって、今日中に提出します」――。

すると相手は「やる気がある！」と感じ、あなたに対して熱を感じます。人は熱を感じると、一緒にやっている連帯感を抱くようになるのです。

では「1週間ください」と返したら、どうでしょうか。相手は「いいですよ」とは言いますが、おそらく熱は感じないはずです。

即決できない場合は、パフォーマンスも必要

通す場面では、１度自社に持ち帰り、返事をするまで１週間程度はかかってしまうこともあるでしょう。その場合は、クライアントの前で「急いでいる」ことが伝わるパフォーマンスをします。

例えば、クライアントからＡ４の紙に書かれた要望書が手渡されたとします。その場合は、すぐに写メを撮って、会社の上司にメールで送り、電話をかけて、こう伝えるのです。

「１日でも早く対応してもらえませんか？　私も今すぐ社に戻りますので」――。

即決は難しくても、目の前で動いていることで、クライアントは、あなたに熱を感じます。

鉄は熱いうちに打て、という諺《ことわざ》があります。先方からの要望も熱いうちに打て、なのです。

褒めろ、短時間に3回褒めろ!

通す力

11

図々しい度 ★★☆☆☆

礼儀正しい度 ★★★★☆

通す場面では、相手はボツにする要因を探っている。
だからこそ、話を聞こうとする姿勢にしないとダメ。
それには、本題に入る10分前に
徹底的に褒めて、相手の機嫌を良くせよ。

通す力 11 褒めろ、短時間に3回褒めろ!

あなたの提案を通すということは、相手側にとって、決して安くない金銭的な負担がかかることになります。それだけにアポイントを入れた時点では、相手側は「ボツにする要因」を探っている状態だと思うべきです。

だからこそ、通す場面では、まずは相手側に、あなたの話を聞こうとする姿勢にさせなくてはいけません。それには本題に入る前に、相手の機嫌を良くしておくことが重要になります。

それには、どうすればいいのか。徹底的に、相手を褒めればいいのです。

褒める相手は、もちろん決定権者です。

褒めるものは、何でも構いませんが、「センスのいい腕時計していますね」「そのネクタイ、どこで買ったんですか？　いいデザインですね！」など、身に着けているものを褒めるのが、一番無難でしょう。

会社について、褒めるのもいいでしょう。「駅から近くて、すごく便利ですね」「広くて打ち合わせのしやすい応接室ですね」といった具合です。ちなみに、この本の版元である自由国民社さんの打ち合わせ室には、ゲーム機が設置されています。もちろん私は、それについても褒めました。

部下を引き合いに出して、決定権者を褒めるのもOKです。

「日程調整をしてくださった田中さんは、すごく丁寧に対応してくれました。鮫島部長（決定権者）のご指導がいいからですね（笑）」といった具合です。

褒めるのは1度ではダメです。相手は褒められているとは気づかない可能性があるから。本題に入る前の10分間で、3回褒めればよいでしょう。「ネクタイのデザインがいいですね」と3回言ったら嫌味になるので、違うことを3回褒めてください。

なお、褒めたときに、稀に不快な表情を浮かべる人もいます。30人に1人くらいは、います。私の経験上、そういう人と仕事をしても、ほぼ失敗します。その後の付き合いの中で、あなたに不利益を与える可能性があります。

そういった意味で、本題前に褒める戦略は、付き合うべきではない人を見つける、リトマス試験紙の役割も担っているといえるのです。

通す力

12

図々しい度 ★★★★☆

礼儀正しい度 ★★★☆☆

嘘も方便で、グイッと通せ

本当のウソは絶対にダメだが、
相手を傷つけない、あるいは、
気持ち良くさせるウソは
有効活用せよ。

えこひいきをするときに、ウソは有効活用できると、27ページで触れましたが、通す場面のほかのシーンでも、ウソは使えます。ここでいうウソとは〝過大〟と言い換えられます。本当の意味でのウソはNGです。

例えば、納期の期日を聞かれたとします。事前に社内調整で「4日」と決まっていても、こう言うのです。

「納期は1週間程度かかるのですが、何とか4日で納品するように頑張ります」――。いかがでしょうか。ウソではなく〝過大〟であることがわかると思います。

上司からOKをもらっていても、その場で、上司に電話をかけるフリをして「4日で何とかできないでしょうか?」といった〝エアやりとり〟をするのもギリギリありでしょう。

少しの時間、席を外すやり方もあります。例えば、見積もりを100万円と提示したところ、先方から「80万円にできないか?」と打診してきたとします。この場合は「上司と電話で交渉してもよいでしょうか?」と言って、10分ほど席を外し、実際に交渉しているようなパフォーマンスをするのです。

小道具を使って〝過大〟を演じるのも、ありです。

私は、朝一でプレゼンがあるとき、よく栄養ドリンクのユンケルをテーブルに置き、飲み干します。視線が集まったら「いやぁ、徹夜で頑張りました」というのです。相手は内心では「大げさだな」と思いつつも笑顔になります。

このように小道具は、打ち合わせの席を和ませるのにも役立ちます。この本の打ち合わせのとき、２時間ほどが経ち、休憩に入ると、私は自動販売機でドリンクを購入しました。買ったのは、サントリーのデカビタＣです。「いやあと１時間、頑張ろうと思いまして」というと、編集者が爆笑しました。たった１００円程度の出費で、場が和むのです。

繰り返しますが、性能を偽ってプレゼンするなどのウソをつけば、あなたは社会的に抹殺されてしまいます。ここで紹介した範囲内のウソ（過大）にとどめておきましょう。

通す力

13

図々しい度 ★☆☆☆☆

礼儀正しい度 ★★★★★

枕ことばのように、具体的に「感謝」を口にする

「お世話になります」は、誰の心にも響かない。
具体的な言葉で「感謝」の気持ちを伝えれば
相手の心に響く！
会う場面、メールの場面で、実行せよ。

通す力 13 枕ことばのように、具体的に「感謝」を口にする

クライアントに対して、一番多く発している言葉って、なんだと思いますか？　答えは「お世話になります」です。

あなたも、おそらく毎日のように「お世話になります」と言っていることでしょう。そこには感謝の気持ちがあるはずです。

しかしながら、この「お世話になります」は、あまりに日常的に使われているため、言われた側にとっては、まったく心に響いてはいません。

あなたも「お世話になります」と言われて、何か感慨がわきますか？　空気のように、その言葉をスルーするのではないでしょうか？

私は「お世話になります」は、できるだけ使いません。言っても、相手の心に響かない以上、通す場面を含め、何のパワーにもならないからです。心からアピールしたいときは、もっと具体的な言葉で「感謝」の気持ちを伝えるようにしています。

例えば、通す場面で、名刺交換をするとき「今日は貴重な時間を割いていただき、本当にありがとうございます」と言うのです。「ありがとうございます」だけでは、足りません。具体的な言葉も添えることで、相手の心に響くのです。

通す場面だけではなく、「お世話になります」と言っている場面すべてで、感謝の言葉に言い換えていきましょう。

実際に会うときだけではなく、メールの文面でも、です。

メールの冒頭は「お世話になります」でOKですが、そのあとに、しっかり感謝の言葉を添えましょう。それと、メールで「お世話になります」を定型文登録している人がいますが、絶対にやめましょう。メールが無機質になるからです。

あなたが仕事を発注する場面でも、感謝の言葉を！

感謝の言葉は、あなたが仕事を発注する側であっても使うべきです。発注する側の立場になると、無意識に自分は偉いと思いがちになります。その結果、感謝の言葉を口にはしなくなります。

しかし、それはまったくの勘違いです。偉くもなんともないのです。仕事をしてもらって、あなたの会社に利益をもたらすのですから。

ビジネスというものは、1回だけで終わるものではなく、継続させていくものであるはずです。感謝の気持ちが伝われば、相手は「次の仕事も頑張ろう」と思うはずです。その相手が優秀であればあるほど、謙虚な姿勢を持つことが大切なのです。

「お世話になります」は、誰もが使っている言葉です。だからこそ、他人との差別化をはかるためにも、具体的な言葉で感謝することが大切なのです。

通す力

14

図々しい度 ★☆☆☆☆

礼儀正しい度 ★★★★☆

謙遜はNG。

素直に大げさに喜べ

相手の褒め言葉を謙遜したら
相手は不快感を抱く。
素直に受け止めて、大げさに喜べば
そこからコミュニケーションが生まれる。

通す力 14 謙遜はNG。素直に大げさに喜べ

クライアントとの交渉の席で、相手が「身に付けている腕時計、すごくいいですね！」と言ったら、あなたはどう返しますか？「そんなことないですよぉ」と謙遜する人が、ほとんどではないでしょうか。しかし、この返し方はダメです。

私ならば、こう返します。

「この時計、軽自動車と同じくらいするんですよ！　この事業を始めたとき、33回払いのローンを組んで買ったんです。嬉しいなぁ。苦労していた時代に思い切って購入したので、僕のちょっとした自慢なんです」

まず、あなたにお伝えしたいのは、相手も言いたくて言っているわけではないということです。もしかしたら、本当はそれほど興味がないことかもしれません。

では、なぜ話すのか。コミュニケーションのためなのです。

言葉は、コミュニケーションの大切なボールになります。相手は、あなたとコミュニケーションをはかるために、腕時計の話を持ち出したのです。それなのに「そんなことないですよぉ」と返してしまっては、そこで話は止まってしまいます。

せっかく投げてくれたボールを受けて、そのまま自分のポケットにしまったら、相手はどう思うでしょうか？「余計なことを言ってしまったかな」と反省するとともに、「つまらない人だなぁ」とあなたの評価を下げます。つまり、あなたの謙遜が、逆効果を生むのです。その後、本題に入り、あなたがプレゼンをするとき、これは大きな痛手になります。

話を合わせて返せば、そこからキャッチボールが続くことになります。だから、素直に喜べばいいのです。「大げさ」に喜ぶことも大切です。そうすると相手は「この人はノリがいい」と思うようになるからです。

「とてもお若く見えますね」と言われたら、「ありがとうございます」では物足りません。「最近、ジムに行っているんですよ。そのうち学生にもどるかもしれません」と返すのです。

通す場面でも、相手が褒めてくれたら、素直に喜びましょう。「このサービス、いいじゃないですか！」と言ってもらえたら、「ありがとうございます」と返して、さらに「この1週間、企画を練るのに、全神経を費やした甲斐がありました！」と続けましょう。

通す力

15

図々しい度 ★☆☆☆☆

礼儀正しい度 ★★★★☆

感情と事実を混ぜてはいけない

提案が通らないと、人は相手に負の感情を抱く。
そうなると、事実と向き合いにくくなる。
感情を殺して、事実を直視すれば、
提案を通す秘訣を相手から聞くことができる。

人は、感情に支配される動物です。

あなたは、嫌いな人が、明らかに良いことをしたらどう思いますか？「偽善だよ」と、否定的な気持ちになる人も多いのではないでしょうか。

では、好きな人が、同じことをしたら？「さすが！」と、盛大に拍手を送るはずです。

感情と事実をごちゃ混ぜにするのは、はたから見ると、とてもバカっぽく映ります。嫌いな作家の新作について、Ａｍａｚｏｎのレビューに「読んでないけど、この人の小説が面白いわけがない」と書くようなものだからです。東日本大震災で多額のお金を寄付したタレントに「売名行為だ」と、うしろ指をさす人のようなものだからです。

とはいっても、無意識でいると、どうしても事実よりも感情が勝ろうとします。それほど感情のパワーはすごい！　そのため、私はいつも「ちょっと待て。感情と事実は切り離せ」と自分に言い聞かせるようにしています。

通す場面で、残念ながら提案が通らないと、どんな感情を抱きますか？　がっかりし、相手に対して「何でだ？」という気持ちになることもあるでしょう。絶対に通ると思っていた場合だと、「今後、2度と付き合うか！」と、捨て台詞を吐く人もいます。

次につなげるために、感情をコントロールする

しかし、この状態でいると、次につなげることができなくなります。提案が通らなかったのには、理由があるはずです。そして、その理由を知ることができれば、リベンジのチャンスも芽生えます。

それなのに、マイナスな感情のままでいると、通らなかった理由をクライアントに聞こうという気持ちにはなりません。

感情に支配されなければ、通らなかった事実を素直に受け止めて、「どこがいけなかったか、今後のためにも教えてもらえないでしょうか？」と、ヒアリングができるようになります。

そうすれば、提案を見直すことができます。さらに相手に「すごく熱心な人だな」と印象付けでき、リベンジのチャンスを与えてもらえるかもしれません。それに、そ

の会社がダメだったとしても、見直した提案を、他社で通すことができるかもしれません。

提案が通ったときも、感情をコントロールすべきです。嬉しい感情に囚われると、すぐに祝杯をあげたくなりますが、できる人は、はやる気持ちをぐっと抑えます。そうして、クライアントにこう言います。

「ありがとうございます！　さらに良くしたいので、追加のアドバイスをいただけたら嬉しいです」

どうでしょうか。こんなことを言われたら、相手側は「向上心がある」と思うはずです。

誰もが、感情に支配されがちです。だからこそ、感情をコントロールすることで、一段成長できるのです。

通す力

16

図々しい度 ★☆☆☆☆

礼儀正しい度 ★★★★☆

「すいません」ではなく、いつも「ありがとうございます」

言葉には、言霊が宿っている。
「すいません」という謝罪の言葉を封印し、
できるだけ「ありがとうございます」と言い換えれば
お互いが嬉しい気持ちになり、通す場は盛り上がっていく！

居酒屋などで店員を呼ぶとき、多くの人は「すいません」という言葉を使います。しかし私は、この言葉を使いません。「すいません」は、謝罪の言葉だからです。私は客であり、店側にお金を落としているのに、なぜ謝らないといけないのでしょうか。日本では、言葉には霊的な力が宿ると信じられています。これを〝言霊《ことだま》〟というのですが、まったくその通りだと思っています。「すいません」と言うことで、どんどん自分が申し訳なくなってしまう。相手に対して、悪いことをしているような気になってしまう――そう思うのです。

相手にとっても「すいません」と言われると、嬉しい気持ちにはならず、テンションが下がってしまいます。

それゆえ、私は「すいません」は使わずに「ありがとう」という言葉に置き換えています。あまり気づかないことですが、普段の生活の中では、謝る場面でもないのに、「すいません」という言葉が多く飛び交っています。

通す場面も、例外ではありません。こちらからアポイントを取って、クライアントと会ったとき、何と言いますか？「お忙しいところ、すいません」と言っていませんか？　これでは謝罪会見を開くようなものです。「お時間をいただき、ありがとうございます」と言えばいいのです。

ほかにも書類を手渡されたときも「すいません」と言いがちです。お茶を用意されたときも「すいません」。通す場面で「すいません」を多発してしまえば、プレゼンの場が、白けていきます。

一方、「ありがとうございます」を多発していけば、本人はもちろん、言われたほうも、感謝の言葉のため、気持ちが盛り上がります。お互いのテンションが上がれば、プレゼンの場は必然的に盛り上がっていきます。

また、あまりに頻繁に「すいません」を口にしていると、その言葉の持つ意味は、とても軽くなってしまいます。その結果、本当に謝らないといけない場面で、相手に謝罪の気持ちが伝わりにくくなってしまうのです。

「すいません」を温存しておけば、その言葉は重くなり、それこそ言霊となって、相手の心に突き刺さるのです。「す」と言いそうなとき、「あ」と言い換えてください。

「ありがとう」の言霊で、プレゼンを勝ち取りましょう。

通す力

17

図々しい度
★★★★★
礼儀正しい度
★★☆☆☆

「通していただけますか？」と堂々と聞いてみる

通す場面では、相手は「断ろう」と思っている。この言葉を発することで、相手は「通す」ことを前提に、物事を考えるようになる。雑談後、すぐに「通していただけますか？」と言うべし！

通す力 17 「通していただけますか?」と堂々と聞いてみる

私の運営する出版スクールでは、商業出版塾フルパックコースという上位コンサルティングがあります。そのコンサルのクライアントが出版社で面接をするときには、私も同席するようにしています。雑談のあと、私がまず発する言葉――それは「通していただけますか？」です。

プレゼンなどの場合、ある程度の内容は、事前に伝えてあるものです。だから、結論を先に聞いてしまうのです。

通す場面というのは、相手にとっては「どうやって断ってやろうか？」と、断る理由を探すゲーム的なシチュエーションだったりします。逆の立場になると、わかると思います。

ところが、「通していただけますか？」と言うと、相手は、通せる理由を探ろうとし出します。

なぜかといえば、「通していただけますか？」と言われているのに、すぐに「ダメです！」とは、さすがに言えないからです。相手だって、嫌われものにはなりたくありませんから。

この言葉を発した時点で、相手は「え！」とびっくりします。そして、「通すこと」を前提に、物事を考えるようになります。つまり、「通さない」有位の確率がひっくり返り、「通す」が優位に立つのです。

相手に自信がある、仕事のできるヤツと思わせられる

また、いきなり「通していただけますか？」と言うことで、相手に「こいつは自信があるな」と思わせることもできます。自信がなければ、いきなり、そんな言葉は吐けないからです。それだけではなく「仕事ができる人だ」という印象も与えられます。

仕事ができる人ほど、結論ファーストを心掛けているものです。周りから固めようと、結論をあと回しにするのは、仕事ができない人の典型例です。

もちろん、「通していただけますか？」と言ったとしても、不採用のケースもあります。ダメならばダメでいいのです。1時間プレゼンしたあとに「通していただけますか？」と聞いた結果、不採用となってしまえば、貴重な1時間が台無しになってし

まいます。プレゼンがスタートして10分で不採用も、1時間で不採用も、通らなかったことに変わりはありません。すぐに結果を知ったほうが、両者のためなのです。

「通していただけますか？」と言って、相手が前向きな検討を始めたら、その後の1時間は、建設的な話ができます。価格や納期といった採用前提の話し合いができるわけです。

一方、「通していただけますか？」と言っても、相手の返事があいまいな場合もあります。これは簡単に返事をしたくない状態といえます。その場合は、こう言いましょう。「どういう条件ならば、通していただけますか？」——。

そして「価格ですか？ デザインですか？」などと、1つずつ逃げ道をふさいでいくのです。こうすることで相手は「通す」ことを前提に、頭を動かし始めます。

なお、メールを送った段階で「通していただけますか？」と聞くのはＮＧです。メールの場合、しょせん文字なので、相手は簡単に、断りの返信が送れるからです。直接会って、相手に誠意を見せるほうが得策なのです。

通す力

18

図々しい度 ★☆☆☆☆

礼儀正しい度 ★★★★☆

まずは自分をクロージングする

提案するものに自信がなければ、通ることはない。

提案するものを観察し、そのメリット・デメリットを把握し、まずは自分に対してクロージングせよ。

そうすれば自信を持って、相手に挑める！

通す力 18 まずは自分をクロージングする

あなたは「通す場面」では、いつもどんな気持ちで挑んでいるでしょうか。「この企画、通せるかなぁ」と、弱気な気持ちのまま、席に着いている人も多いのではないでしょうか。「相手に時間を取ってもらって申し訳ないなぁ」「ほんとは、会いたくないんじゃないか？」などと、自分を卑下したまま、相手と名刺交換をしている人もいるかと思います。

こうした消極的な気持ちでいると、せっかく通る見込みのある提案も、通らなくなります。

さらに、あくびが移るように、あなたの消極的な気持ちが、相手にも移ってしまいます。その場の雰囲気が負のオーラに包まれてしまえば、プレゼンは盛り上がることもなく、終わってしまいます。これでは、企画が通るはずはありません。

あなたは「通す」ことを目標にしているはずです。だったら「プレゼンする内容は、御社にとって大きなプラスになる」と、自信を持って挑むべきなのです。

とはいえ、根拠のない自信は、御法度です。誇張や虚偽につながってしまう危険性があるからです。

自分の提案に自信を持つことが大切

肝心なことは、まずは自分が提案するものに対して、自分自身に向かって、クロージングするということです。クロージングとは営業活動で商談を成立させることです。自分をクロージングできれば、提案するものに対して、根拠のある自信が持てたということになります。そうなれば、クライアントに「自分の提案は、相手にとってメリットが大きい」と、嘘偽りなく思うことができるので、自信を持ってプレゼンできます。

自分をクロージングするには、提案するものについての知識をしっかり身に付けて、どんなメリットがあるのかを把握しなくてはいけません。

ユニクロの店員がユニクロの服を着ているのは、その商品の良さを、まずは自分自身で体感するためです。自動車のディーラーのスタッフも、そうです。例えば、ＢＭＷ・ＭＩＮＩのディーラースタッフは、ＭＩＮＩに乗っているのが普通です。

以前、ガソリンをまったく使わず、電気だけで走行する純電気自動車のディーラーに行ったとき、社員用の駐車場に、電気自動車がほとんど停まっていないことがありました。実際、販売スタッフは、まったく自信のなさそうなセールストークに終始していました。

提案するものについての知識を得る中では、デメリットの部分も見えてきます。じつは、これが大事なのです。

自分に対してクロージングするとき、メリットだけを並べるのと、デメリットもちゃんと盛り込むのと、どちらが好感を持てるでしょうか。後者ですよね。

自分に対するクロージングができれば、提案するものに対する、あなたの信頼度は１００％になっています。デメリットもわかっているので、うしろめたさもゼロです。相手に「この部分は劣るけれど、目をつむれる範囲内です」とはっきり言えます。この状態で、本番に向かえば、相手を納得させることができるのです。

通す力 19

図々しい度 ★☆☆☆☆

礼儀正しい度 ★★★☆☆

「切り離しトーク」でお金と提案を分けて話す

お金と提案がごちゃ混ぜだと、お金の存在が勝る。
切り離しトークを使えば、お金と提案が切り離される。
そうすれば「欲しい」が勝る。
あとは、価格が高くない理屈を並べれば、提案は通る。

通す力 19 「切り離しトーク」でお金と提案を分けて話す

私の運営する出版スクールの料金は85万円です。金額だけを見たら、「高いなぁ」と感じる人も多いでしょう。実際に、セミナー参加者の中でも、そんな感想を漏らす方は少なくありません。そんなとき、私はこう言います。

「本を出したくありませんか？　今日、セミナーで私の話を聞いて、40社の出版社との付き合いがあり、最短で本が出せることはご理解できましたよね。まず、一番に考えてほしいのは、出版したいか、したくないか。どうでしょう？」。

すると、参加者の多くは「出版したいです」と言い、そのあと「でも、お金が……」と続けます。そのとき、こう返すのです。

「わかりました。値段のことだけですね」。

これが「切り離しトーク」です。お金と提案を切り離してしまうのです。お金と提案がごちゃ混ぜの状態では、どうしても気持ちの上で、お金の存在のほうが勝ります。その結果、「いりません」となってしまうのです。

それだけに、先方の「採用したい」「買いたい」という気持ちを引き出して、それから、お金の話に移していくことが大切なのです。まずは、お金の話は置いといて、欲しいかどうかの気持ちを確認しましょう。

「欲しいなぁ。でも、高そうだなぁ」となれば、気持ちは欲しいに傾いています。あとは「85万円は妥当だ」ということを、説明していけばいいのです。

「85万円は高いと感じられますが、自費出版で本を出すと、３００万円はかかります。それでも高いと思いますか？　年収４００万円でしたら、その約5分の1で、人生が変わると思ったら、どうですか？」

　こうして、85万円が妥当という理屈を話すことで、欲しい気持ちを持っている相手は、自分を説得するようになるのです。そして「スクールを受けます」となります。

　通す場面では、時として、最初は、価格を見せないのもテクニックの1つです。高級店では、商品に値札が貼られていないことが少なくありません。これは、お客様に、まずは「欲しい」という気持ちになってもらいたいからです。

　最初から、高い値段を見せてしまえば、「高っ！」で、終わりです。値段を見せなければ「これ家に飾りたい」という気持ちにさせることができます。あとは価格は妥当だという理屈を伝えていけばいいのです。

通す力 20

図々しい度 ★★☆☆☆

礼儀正しい度 ★★☆☆☆

明るい未来トークでクロージングする

単に性能や価格だけをアピールしても、
相手の購買意欲は掻き立てられない。
相手がどんどん想像を膨らませる
明るい未来トークを目指せ！

自動車のテレビＣＭでは、その性能をアピールすることは、あまりありません。「排気量が１５００ＣＣで、エンジンの最高出力は１０２ＨＰです！」などと訴えているＣＭなんて、見たことありませんよね。

今、よく見かける自動車のＣＭといえば、家族と一緒にキャンプに行ったり、後ろの座席で眠る子どもといったシーンです。あるいは海辺のワインディングロードを走っているＣＭもあります。

これこそが「明るい未来トーク」なのです。

明るい未来トークをすると、相手はどんどん想像を膨らませます。「このボックスカーを買ったら、子どもと星空を見ながらキャンプができるな。収納が多いから、食材だって、たっぷり積めるな！」「彼女と海辺をドライブしながら、江の島や鎌倉に行こう」といった具合です。

未来の楽しい想像を掻き立てることができれば、当然、購買意欲は高まります。排気量うんぬんでは、未来の想像なんて、できませんよね。

購買意欲が高まれば、人は、その自動車のホームページなどを見ます。そこで初めて、排気量などのスペック情報をゲットするのです。順番を間違ってはいけません。

同じ未来トークでも、暗いのはＮＧです。

生命保険のＣＭでは、結婚して、子どもが生まれてといったストーリーがよく流れます。見る側に「大切な家族を守るために、保険に入ろう」と、前向きな気持ちを持ってもらえるからです。

暗い未来トークでは、相手は拒否反応を示す

では「あなたが死んだら１０００万円支払います」というＣＭだったら、どうでしょうか。

負のイメージしかわかず、思わずチャンネルを変えたくなってしまいませんか？

確かに、生命保険の役割は、万が一のときにお金が支払われることです。しかし、消費者の多くは、ＣＭにはそれを求めていないのです。

あくまでも明るい未来トークで、引き寄せることが大切なのです。

通す場面でも、明るい未来トークでクロージングすることが重要になってきます。

私は出版実現セミナーの参加者が本講座（出版スクール）に入るか悩んでいるときは「出版できますよ」といった言葉でクロージングはしません。

「本を出すと、これまでの１００倍の広告効果があります。クライアントが殺到しますよ」といった調子で話します。

まさに明るい未来トークです。そうすれば、本を出すことで起こり得る変化を、相手の脳裏に焼き付けることができます。

住宅販売でも、明るい未来トークです。

「毎朝のラッシュは好きですか？　ここならば歩いて会社まで通えますよ」「残業で夜10時になっても、10分後には家でビールが飲めます！」などと言うのです。

「頑丈な素材で建てられています」といったトークよりも、買いたい気持ちになることは、間違いないのです。

説得トーク
はしてはいけない

通す力

21

図々しい度 ★☆☆☆☆

礼儀正しい度 ★★★★☆

「お願いします。導入してください」といった説得トークは相手に押し切られた印象を与える。

2度と信用されなくなり、マイナスの口コミを広がる。

「導入しなくていい」という高飛車な気持ちを持て!

あなたは、家に押しかけてきた新聞のセールスマンから、こんなセリフを吐かれたことはありませんか？

「ハンコを押してくれるまで帰れない。購読してください！」

「今月の成績が足りないんです。お願いしますよ……」

さすがに令和の時代は、こうした営業トークは少なくなりましたが、１９９０年代までは、日常的にみられる光景でした。

こうした説得する営業トークを用いて契約を結ぶと、相手は「押し切られてしまった」というマイナスの印象を抱きます。

さらにクーリングオフされかねないという問題もあります。キャンセルされれば、返品受け付けや、返金手続きも必要となり、業務に支障をきたすことになります。

また説得で購入を促した場合、１００％の確率で、プラスの口コミは起こりません。逆に、「あのセールスマンは最悪だから、注意したほうがいい」などと、マイナスの口コミが起こる可能性が極めて高くなります。ＳＮＳで拡散されれば、それこそ会社が倒産することだって、ありえます。

説得は、プレゼンなどの場面でもしてしまいがちです。あなたは「お願いします。導入してください」などと、頭を下げたことはありませんか？　説得の行為は、無意識に出てしまうので注意が必要です。

説得を封印するには、意識的に「高飛車を演じる」ことです。「無理に導入しなくてもいいですよ」といった態度を取るのです。この意識を持ちながら、プレゼンすれば、説得は起こりません。

その上で、明るい未来トークを繰り広げて、購買意欲を高めていくのです（86ページ参照）。こちらは「いい提案だと思うから、その良さを精一杯伝えるけど、導入してくださいと頭を下げることはしません」というスタンスですから、相手は「自分で選んでいる」という気持ちになります。騙されたとは思わなくなります。

私の場合は、さらにステージを上げて、「僕も客を選びますよ」というスタンスを取ります。もちろん、言葉にはしませんが、そういったそぶりを見せるのです。そうすると、相手には「選ばれたい」「売ってほしい」という気持ちが芽生えるのです。

通す力

22

図々しい度 ★☆☆☆☆

礼儀正しい度 ★★★★★

返報性の原理を利用せよ、だから手土産は大切

初めてのクライアントと会う場面では、地元のお菓子をお土産として手渡せ。相手は何かお返しをしないといけない気持ちになり、あなたの提案は通りやすくなる！

あなたは、ご近所さんからお土産をもらったら、どうしますか？「ありがとうございます！」とお礼を伝えたあと、「これ実家から届いたリンゴなんです。どうぞ食べてください」といった具合に、何かお返しをしようとしませんか？

よく考えてみれば、相手は、お返しを期待しているわけではないのに、不思議な行動ですよね。

人間の持つ心理の1つに「返報性の原理」というものがあります。相手から何かをしてもらったら、お返しをしないと申し訳ない気持ちになる――これが、返報性の原理です。

冒頭の事例は、まさにこの心理によるものなのです。

デパ地下の試食も、返報性の原理を狙った戦略です。試食してみて「美味しいから買おう！」という層も狙ってはいますが、一番取り込もうとしているのは「試食した以上、申し訳ないから買おう」という層なのです。

お店の試食コーナーには、必ず店員さんがいて、「食べてみませんか？」と声をかけます。無人の試食コーナーでも問題ないのに、有人にしているのは、無人だと「返報性の原理」が働かないからです。

プレゼンなどの場面でも、例外ではありません。返報性の原理を使うことで、通すハードルを低くすることができます。

私は初めてのクライアントと会うときには、必ず、手土産を持っていきます。出版スクールの生徒にも「初めての出版社ではお土産を持参すること」と伝えています。用意するのは、地元のお菓子がいいです。

すると相手は「わざわざ私のことを思って買ってきてくれたんだ」と嬉しくなります。さらに職場の同僚に「松尾さんからいただきました」と、配るはずです。

その結果、「こんないいものをもらって、このまま、帰らせるわけにはいかない」と思うようになるのです。相手は通すことを前提に、物事を考えるようになります。

一方、手土産を持参しなかった場合は、こうした優位性がゼロの状態で、プレゼンが始まることになります。

お土産なんて、せいぜい数千円です。だったら手土産を携えて、通す場面に挑んだほうが、いいに決まっているのです。

通す力

23

図々しい度 ★☆☆☆☆

礼儀正しい度 ★★★★★

コミットメントと一貫性に人は信頼を寄せる

あなたが約束したことは、必ず守れ。
納期、約束の時間を破れば、信用を失う。
もっと信用度を上げるには、
納期よりも早く提出せよ！

私は打ち合わせのとき、相手が数分でも遅れれば、その人の信用度を下げます。もちろん電車の遅延などで、あらかじめ連絡が入れば話は別ですが、何の連絡もよこさず、「すいません！　電車が遅れちゃって」と謝りながら入ってくる人は、一定の割合で必ずいます。

こういう人は、ほかの面でもルーズです。だから私は、その人とは一定の距離を置きます。もっといえば、通す場面であっても、自ら身を引くこともあります。というのも、せっかく提案が通っても、ルーズな相手に振り回される可能性があるからです。

言ったことは、守らないといけません。当たり前のことですが、まずは、このことを徹底してください。

納期通りに行えば、相手は「約束を守る人だ」と感じるようになり、そこに信頼が生まれます。

事前に遅れる旨を伝えるにしても、そこに根拠がなければ、ＮＧです。よく「３日後」と約束したのにもかかわらず「もっとクオリティを上げたいので、あと１日ください」という人がいますが、これもダメです。

はっきりいって、クオリティなんて、どこまで上げればいいのかなんてわかりません。それだけにまずは納期ありきなのです。

もし相手から打診された期日が難しいのであれば、しっかりと「その日は厳しいので、あと１日余分にください」と言いましょう。そうすれば、相手は納得するはずです。一方、無理をして承諾をした結果、納期に遅れれば、信用は失います。

納期の期日よりも、早く提出する

ここまで「納期を守る」ことの大切さを述べましたが、じつは、それだけでは物足りません。私が徹底しているのは、納期よりも早く提出するということです。「３日後までに修正をお願いします」と言われたら、私は２日後に提出しています。スケジュール帳には「２日後」と書いています。

約束の日よりも早く提出することで、相手は「この人は仕事が早い」と感じます。

もっとテクニック的なことをいえば、私は３日かかると思ったら、先方に「４日後でお願いします」と言い、3日後に提出します。このくらいのことは〝ウソ〟ではありません。通すための方便なのです。

納期以外でも、私が前倒しをしていることがあります。それは「約束の時間」です。冒頭で、集合時間に遅れてはいけないと伝えましたが、私は最寄りの駅に1時間前には到着するようにしています。

そうすれば、もし電車の遅延が発生しても、打ち合わせに遅れることはありません。クライアントの周辺を散歩すれば、話のネタが見つかるかもしれません。そうして15分前に訪問先に到着するのです。

通す力

24

図々しい度 ★★☆☆☆

礼儀正しい度 ★★★★☆

共通項を見つけ出して、相手の好意を勝ち取れ！

服装や髪型、清潔感に気を配った上で
会話の中で、相手との共通項を探せ。
SNSで共通項を見つけるのも、良い。
共通項は、好意を引き寄せる秘密のツールだ。

いくら良い提案をしたとしても、相手から距離を置かれていると、その提案が通ることは、まずありません。そうされる要素は多種多様ですが、まずは自分の行動によって、回避できることを実践しましょう。

手っ取り早くできるのは、服装や髪型、清潔感に気を付けることです。梅雨の時期、ツンとする臭いを放つスーツを着ている人、いますよね。

これでは「あの人、生理的に受け付けない！」となりますし、「ここでＯＫしたら、もう1度会わないといけないのか」となり、通す場面において、大きなビハインドになってしまいます。

また打ち合わせの席についても、ちゃんとマナーを守ること。例えば、扉から一番遠い席が「上座」、扉に一番近い席が「下座」とされており、特に年配の人は、こうしたことに目を配っているので注意しましょう。

と、ここまでは常識的なことであり、「誰もがやっていること」に過ぎません。良い印象は持ってもらえますが、通すためには、もっと上を目指す必要があります。

私が、相手に好意をもってもらうために重要視しているのは、本題に入る前の雑談です。この雑談の中で、共通項を探し出して、相手に親近感を抱かせるようにしています。

例えば、出身地を聞いて、相手が「(埼玉県)所沢《ところざわ》市」と答えたとします。私は、中学以降、近隣の狭山《さやま》市で過ごしてきたので、共通項が見つかるチャンス到来です。そこで「高校はどこですか?」と聞きます。同じ高校であれば、親近感はばっちりです。よく遊んだ場所を聞くのもいいでしょう。

ちなみに、中学を聞く必要はありません。所沢と狭山では、絶対に中学は違うからです。

同じ名字や名前だった場合も、親近感の度合いは大幅にアップします。私と同じ「松尾」の苗字であれば、「出身地はどこですか?」と必ず聞きます。「松尾」は九州に多いからです。私の両親は佐賀県出身なので、もし相手が「佐賀です」と答えたら、2人の距離はぐっと縮まること間違いなしなのです。

相手が身に付けているもので、話を盛り上げてもいいでしょう。カバン、名刺入れ、時計、スマホ、手帳……。それらの中で、共通項として、盛り上がりそうなものをピックアップするわけです。相手が持っているものを、次の打ち合わせのときまでに購入し、身に付けて参上するのも、とっておきのワザです。

「部長、僕もその名刺入れ買っちゃいました。すごくかっこいいです」といった具合です。好感度が上がるだけではなく、相手の承認欲求を満たすこともできます。

ＳＮＳで相手の情報を探し出す

さらに、私が相手との共通項を見つけるためにしていること――それは「ＳＮＳ」のチェックです。

私は初めてのクライアントに会うときには、その相手が、ＦａｃｅｂｏｏｋやＩｎｓｔａｇｒａｍといったＳＮＳをやっていないか、必ずチェックします。そうして、会ったときに、こういうのです。

「最近、秩父《ちちぶ》に行きましたよね。私も大好きなんですよ。秩父のＢ級グルメ『わらじカツ丼』は食べましたか？」

そうすると相手は「あれ？　もしかしたらＳＮＳ見ましたか？　お恥ずかしい」などと、一歩踏み込んだ会話をすることができるのです。

数量と時間、さらに「あなただけ」で、希少性をアピール

通す力

25

図々しい度 ★★★★☆

礼儀正しい度 ★☆☆☆☆

「数量」と「時間」の希少性をアピールせよ。
でも、それだけではまだまだ甘い！
通す場面では、人物の希少性にも訴求する。
「部長がお出ましですか！」で、相手は浮かれる！

「希少性の原理」という言葉があります。人が欲している量に比べて、利用できる量が少ないとき、そのものの価値が高くなる、あるいは高く思える心理的な現象のことをいいます。新型コロナウイルス騒動で、「マスク」の価値が高まったのも、この原理が作用しました。希少性の原理は「需要と供給の原理」とも言い換えることができます。

通す場面では、この原理をうまく使いこなすと、通りやすくなります。

一番オーソドックスなのが「数量」の希少性を訴える方法です。特別仕様のクルマが「１０００台限定」などで販売されることがありますが、これはまさに「希少性の原理」を狙った戦略です。

もう1つは「時間」の希少性です。テレビの通販番組で「今から30分限定です。オペレーターを増やしてお待ちしております！」とアナウンスしていますよね？　視聴者は「早く買わないとなくなっちゃう！」と思うわけです。

こうした「数量」や「時間」を使って、希少性をアピールしながら、自社の商品やサービスの良さを訴えていきましょう。

さらに通す場面では、「人」の希少性にも着目しましょう。例えば、打ち合わせに、普段はあらわれない部長がいきなり登場したとします。そうしたら、私ならば、こう言います。

「わざわざ部長が出てきてくれたんですか！　緊張するなぁ！」。このように、相手を希少扱いするのです。そうすることで、相手は「自分は高く扱われている」と嬉しい気分になるのです。

相手の部下にも希少性をアピールする

こういうとき、部長は途中で席を離れることも多いでしょう。そんなときは、残った部下にこう話します。

「部長が同行されるなんて、田中さんは、特別扱いされているんですね。出世街道まっしぐらじゃないですか！」。

そうです、部下にも「俺ってそんな存在なんだな」と思わせるのです。部長と、その部下を喜ばせることができるわけです。

自分の希少性をアピールすることも大切です。とはいえ、自分自身をアピールすることは難しいため、例えば、社長など上司を連れていくのです。これによって、相手は、あなたを「力のある人物」として、ランクアップさせます。

「あなただけに提案します」というのも、良いフレーズです。

「この案件は御社にぴったりです。私がこの特別な案件を提案するのは、御社が初めてですし、他社に提案するつもりはありません！」というのです。

クライアントと飲みに行く機会があれば、とっておきのお店に連れていきましょう。そして「部長だけです、ここにお連れしたのは」と言うのです。相手は「また、また！」となるかもしれませんが、それでもいいんです。「特別扱い」というニュアンスが相手に伝われば、それで十分なんです。みんなに言っていても「口がうまいなぁ」で済みます。

希少性のアピールは、数量と時間だけだと思いがちですが、人に焦点を当てるのも、大きなインパクトになることを覚えておきましょう。

提案を通すための「あいうえお」

通す力

26

図々しい度 ★★★☆☆

礼儀正しい度 ★★★☆☆

通す場面は、感情が先走ってしまいがちだ。
だけど、それでは冷静さがなくなり、
せっかくの提案は通らなくなる。
そんなときは「あいうえお」の処方箋を飲め！

通す場面では、どうしても感情が先走ってしまうものです。もし、あなたが「感情的になってしまう」と感じたら、次に紹介する「あいうえお」を思い出してください。

あ……諦めない

提案が通らないと、気持ち的にはかなり落ち込みます。そして、この提案はダメなんだと、諦めの感情が優位に立ちます。私の著書『コンサルタントになっていきなり年収650万円を稼ぐ法』は、大手出版社の集英社で出しましたが、出版決定まで5社に断られ、最後に手を挙げてくれたのが、集英社でした。

その間、私はまったく諦めませんでした。と、いうのはウソで、何度も「ダメかなぁ」と挫折感を味わいました。それでも「あいうえお」のうちの「諦めない」を自分に言い聞かせて、待つことができました。

何事も断られてから物事は始まるということです。諦めてはダメなのです。

い……意固地にならない

通す場面では、その提案に対して、批判的なことも言われます。そうすると、頭がカッとなり、「相手がバカだから、この提案の良さがわからないんだ！」と思いがちです。そうなると、自分を振り返ることはできなくなり、その提案のクオリティはそのままの状態になります。

意固地にならずに、頭を柔軟にすると、その批判を〝糧〟にすることができるようになります。「もっと違う方向性はないかな」などと、その提案のレベルを上げようという思考になります。

う……うぬぼれない

提案が通ると、まるでゴールしたかのようにその場で喜ぶ人がいます。でも、それを見たクライアントは、どんな気持ちになるでしょう？　はっきりいって、こう思います。「これから仕事は始まるんだけど。浮かれないでほしい」です。

「実るほど頭《こうべ》を垂れる稲穂かな」という諺《ことわざ》があります。立派な人ほど謙虚な姿勢であるという意味です。私は提案が通ると、いつもこの諺を思い出すようにしています。

もちろん、素直に喜ぶのは構いませんが、謙虚さを忘れてはいけないのです。

え……遠慮しない

通す場面というのは、どうしても相手が上の立場になります。そのため、相手に遠慮する気持ちが芽生えてしまいますが、それでは、主張できなくなります。これでは、通るものも通らなくなる。プレゼンの場面は、あなたが主役です。謙虚な姿勢を大切にしながらも、遠慮せずにアピールしていきましょう。

お……思い込まない

通す場面では、相手からの要求も多く出ます。そういうとき「そんなの絶対に無理だ」などと、思ってしまいがちです。これは突然の要求で、頭が冷静になれていないために、無理だと思い込んでしまうのです。

絶対にできないと思っていたことが、一晩寝ると「あれ？　何とかできるかもしれない」と思えたことありませんか？　それと一緒で、その場で難しい要求が出されても、冷静になったら、必ず解決の糸口が見つかるものです。

相手からどんな要求が出されても、「大丈夫」と心に決めて、解決できる糸口を模索していきましょう。

通す力

27

図々しい度 ★★★☆☆

礼儀正しい度 ★★★☆☆

提案者は五者であれ

「芸者」「役者」「易者」「学者」「医者」

通す場面では、素の自分でいたのでは、最大のパフォーマンスは出せない。5つのキャラクターをうまく組み合わせることで最大のパフォーマンスを発揮せよ！

「素の自分」って、一体なんでしょうか。

私は自分の子供に接するとき、決して「素の自分」ではありません。父親を演じています。出版スクールの講師をしているときは、「講師の自分」を演じています。

アップル社の共同設立者の１人であるスティーブ・ジョブズは、プレゼンの天才といわれていました。ｉＰｈｏｎｅの新製品発表会では、身振り手振りで「アップルが電話を再発明する」といった名言を吐きながら、見るものの心をつかみました。彼は「素の自分」で、こうした会見に挑んでいたでしょうか。そんなはずはありません。彼は、さまざまな役回りを演じていたのです。


それは「芸者」「役者」「易者」「学者」「医者」という５つの演者です。

①芸者
プレゼンは相手を退屈させてはいけません。つまらなければ、話を聞こうとはしないものです。ジョブズは、前述の「アップルが電話を再発明する」と発言したあと、昔の回転式ダイヤルのついたｉＰｏｄの写真を見せて、会場を笑いに包みました。場

を盛り上げるには「芸者」を演じることが大事なのです。

②役者

プレゼンの場では、決して「素の自分」でいてはいけません。その製品やサービスの特長を理解させ、興味を持ってもらう必要があります。

しかし、素の自分のままだと、恥ずかしさが先立ち、しっかりとしたプレゼンをすることができません。役者になることで、そのキャラクターになりきり、思い切ったプレゼンができるようになります。

③易者

ジョブズは初代ｉＰｏｄを紹介するとき「１０００曲をポケットに」と発言しました。それを聞いた聴衆は、何を思うでしょうか。「外出中でも、いつも好きな音楽を聴くことができるんだ」と、明るい未来を想像するようになります。

プレゼンする場では、易者——つまり、占い師になることが求められます。そして、明るい未来を自信を持って予言するのです。

④学者

ジョブズのプレゼンは「シンプル」です。くどくどと語らず、その製品やサービスの魅力を端的に伝えています。

プレゼンの場では、漏れがないように、どうしてもいろいろなことを伝えようとしますが、それでは相手に響きません。一番の魅力を伝えることが大切なのです。それには学者になって、深い製品知識を身に付けなければならないのです。

⑤医者

あなたが製品やサービスを買うときは、何か困り事があったときではないですか？それゆえプレゼンの場では、医者になって、「大丈夫。助けてあげます」と伝える気を持ちましょう。

ジョブズは、5者を演じていたといえますが、あなたは、そこまで演じる必要はありません。自分のプレゼンに適したものをいくつか選んで、その役割を演じましょう。

通す力

28

図々しい度 ★☆☆☆☆

礼儀正しい度 ★★★☆☆

相手の情報が欲しければ、まずは自分の情報を開示せよ

プレゼンの場では、相手の情報が必要不可欠。
しかし、知らない相手には、情報は開示しない。
自分から情報をどんどん出して
相手に「こちらも話したほうがいいな」と思わせろ！

通す場面で、相手の情報を引き出すと、その情報をもとに、話を広げていくことができます。共通項を見つけ出して、相手の好意を引き寄せることもできます（99ページ参照）。

しかしながら、あなたのことをあまり知らない状態では、相手は自分の情報を開示しようとは思わないものです。自分の情報というものは、それだけデリケートなものなのです。

だから、相手の情報を得たいのであれば、あなたの情報を先に開示することが大切になります。そうすれば相手は「自分も開示しないと申し訳ない」という気分になるのです。「返報性の原理」が働くわけです（92ページ参照）。

これは極端な例ですが、私の知人は、あるクライアントから「じつは子供が重い障害を持ってまして」といきなり打ち明けられたそうです。生き方をテーマにした本の打ち合わせだったそうですが、その方は、自分の家の事情を話すことで、議論を深めようとしたのでしょう。実際、打ち合わせの内容は、相当踏み込んだものになったそうです。

いかがでしょうか。相手から情報を開示されると、途端に、その人に興味を持ち、さらに「自分も情報をしっかり伝えよう」と思うのではないでしょうか。

自分が話す情報の量が多ければ多いほど、相手も情報を開示します。もちろん何もかも開示するのは難しいでしょう。無理のない程度で、多くの情報を話してください。

なお、こちらから情報を出す場合、1つ気を付けてほしいことがあります。それは自慢になってはいけないという点です。

「うちの子どもは開成高校から東大に進んだんですよ」と言われたら、どう思いますか？

相手は「自慢かよ」と辟易し、その場は、南極のように凍り付いてしまうので、ご注意を！

会話は、相手の優越感を刺激しろ

通す力

29

図々しい度 ★☆☆☆☆

礼儀正しい度 ★★★☆☆

相手が劣等感を抱くようなことを言えば、あなたに対して、マイナスの感情を抱くようになる。

相手の優越感をくすぐる会話を心掛けよ。

自分の優位性を話すのは、相手との違うステージの部分だけ！

通す力 29 会話は、相手の優越感を刺激しろ

人間という動物は、無意識に「この人は自分より上だ」「俺より下だな」などと、優劣の点数を付けたがります。このとき、自分のほうが勝っていると感じると、何となく優越感を持つものなのです。あなたも、そうではありませんか？

クライアントと話をしているときには、プレゼンの本題に入っているときも、その前の雑談のときも、相手に劣等感を抱かせる言動は、絶対に控えなければいけません。相手はあなたに対して、マイナスの感情しか抱かなくなります。

本書を出している自由国民社は、新聞などへの広告に力を入れています。同社の局長と打ち合わせをしたとき、私が「御社は新聞広告がすごいですね」と言うと、こんな返しがありました。

「いや、うちは、そのパターンしか知らないんですよ。もっといい方法を探さなくてはいけませんよね。教えてください」。

うまい！　このとき「そうでしょう！」と返ってきたら、相手によっては不快な気持ちを抱く可能性もあります。「相手が持ち上げてきたのだから話に乗ればいい」と思ってはいけません。どこに地雷が落ちているのか、わかりませんから。

かといって「全然だめです」と返すのも、どこかウソっぽい。「そのパターンしか知らない」という返しは、絶妙といえます。さらに「教えてください」と言われたことで、こちらは悪い気はしません。

　このように相手と話すときには、相手が優越感を持つように、配慮することが大切なのです。ただし、すべての面で下手に出ると、見下されるだけです。「できない人」という印象を与えてしまう可能性もあります。

　私の出版スクールの生徒は、弁護士や会社経営者など、私よりも地位や名誉があり、儲けている人も多くいます。それでも私は「自分は25冊の本を出している」ことを、きちんと伝えています。それに対して、劣等感を持つ人はいません。なぜかといえば、相手とは違うステージの話だからです。

　もし私が、本を出したことのないライターさんと打ち合わせをしていて、25冊出していると話したら、そのライターさんは「なんて嫌な人だ」と思うかもしれません。これは、同じステージにいる人間だからです。

　相手の優越感をくすぐりながら、相手との違うステージでは、自分の優位性を話す――このバランスが求められるのです。

提案は社会的意義を伝える

通す力 30

図々しい度 ★☆☆☆☆
礼儀正しい度 ★★★☆☆

「あなたの会社が儲かる」という提案は、相手に直接刺さるので、使いがちだが、今の世の中は、それだけでは、企業は採用しない。社会的意義も添えて、挑め！

通す場面では、どうしても「御社のため」というキーワードに頼ってしまいがちです。確かに「このサービスで残業が2時間減ります」「ほかにはない機能ですので、売上が確実に上がります」といった言葉は、相手に直接刺さるため、どうしても使いたくなります。

しかし、それだけで満足してはいけません。昨今のビジネスは、単に製品を作ったり、サービスを提供すること以上の意味が求められています。その製品やサービスによって、どのように社会に貢献できるか――そのことが問われるようになっているのです。

特に、２０１１年の東日本大震災や、16年の熊本地震、19年の令和元年東日本台風、そして20年の新型コロナウイルス騒動などを通じて、企業側は「儲け」だけを目的にすれば、社会から糾弾されることを肌で知っています。

つまり、通す場面では、「御社のために」の先にある「この製品を導入することで、どのように社会に貢献できるか」を伝えることが大切になってきているのです。

例えば、残業が2時間減ることで「どれだけのＣＯ２を削減できるか」「親と子がどのくらいの時間一緒にいられるか」といったことまでアピールする必要があります。

それだけに、プレゼンする会社の「創業の理念」はしっかりとつかんでおきましょう。多くの会社では、自社のホームページに掲載しています。その理念に沿った社会的意義をアピールするのです。

社会的意義の提案は、相手を前向きにさせる

社会的意義をアピールすると、聞いた側は「それは違う」とは言いにくくなります。「儲かればそれでいい」などとは、口が裂けても言えません。

これが通す場面において、大きな威力を発揮します。社会的意義を突き付けられることで、その提案に対して、前向きに検討するようになるのです。

通す力

31

図々しい度 ★★☆☆☆

礼儀正しい度 ★★★★☆

提案するときは、いろいろな角度からメリットを伝えろ

プレゼンするときは、メリットを1つに絞るな。それだと相手は、その良さに気づくことはない。いろいろな角度から、メリットを探し当てて、投げかけろ。そこまでやって相手は納得する。

プレゼンのとき、その製品やサービスのメリットをわざわざ１つだけに絞って話す人がいます。しかし、それでは相手に「良い製品（サービス）だ」とは思ってもらえません。

プレゼンする側は、その製品やサービスを熟知していますが、相手は、まったく知らない状態です。

それなのに、そのメリットを絞って伝えてしまえば、相手はそれ以外の利点を知ることができなくなります。

それに１つに絞ると、プレゼンの時間が余ってしまうため、同じことを何度も繰り返し話すことになります。相手は「その話、さっきも聞いたよ」と、うんざりした気持ちになります。同じことを繰り返し聞かされることで、押し売りに聞こえてしまう側面もあります。

スティーブ・ジョブズが「初代ｉＰｈｏｎｅ」のプレゼンをするとき、「本日、革命的な新製品を３つ発表します」と言うと、こう続けました。

「1つ目。ワイド画面、タッチ操作iPod。2つ目。革命的な携帯電話。3つ目。画期的ネット通信機器。3つです。タッチ操作iPod、革命的携帯電話、画期的ネット通信機器。iPod、電話、ネット通信機器。iPod、電話、お分かりですね。独立した3つの機器ではなく、1つなのです。名前はiPhone」――。

もし、ジョブズが「革命的携帯電話」のことだけに特化してプレゼンをしたら、おそらく、これまでの一歩先を行く携帯電話くらいの印象しか、世間に与えられなかったかもしれません。

しかし、ジョブズが3つの特徴を挙げました。

その結果、見る側は「初代iPhone」が、自分たちの想像のはるか上を行くスマートフォンであることに気づいたのです。

私の出版スクールのホームページには「商業出版する5つのメリット」を載せています。「あなたの会社・あなた自身の強力なブランディング」「周りの人の見る目が変わります」「本が売れれば印税が入ります」「あなたの事業の優秀な営業マンになります」「最高の親孝行になります」といった文言です。

五つのメリットを伝えることで、見る側は総合的に判断をして、出版スクールへの参加を前向きに検討するようになるのです。

メリットが少なくても、角度を変えてアピール

特徴がそれほどなかったとしても、角度を変えて、アピールすればいいのです。

「時短を実現するサービス」であれば、「残業がなくなる」のほか、経営者からの視点でいえば「残業代を減らせる」メリット、家族からの視点でいえば「子どもと一緒にお風呂に入れる」メリットが浮かび上がります。

さらに地球規模でいえば「エアコンの稼働時間を減らせて、CO_2削減を実現できます」と訴えることもできます。

複数のメリットをアピールすると、相手は、製品やサービスの良さに気づいてくれます。だから、いろいろな角度から攻めていくことが大切なのです。

大切なことを伝える「間術師」になれ

通す力 32

図々しい度 ★☆☆☆☆
礼儀正しい度 ★★★★☆

大事なことを話すときは、1拍2拍間を作る。
間を作ると、相手に「重要なことを言う」シグナルを与えられる。
だからこそ、その言葉は響くようになる。
プレゼンのときは、間術師となれ。

通す場面では、1時間近くプレゼンをすることになります。その途中では「ここを特に聞いてほしい」というポイントがいくつか出てきます。

例えば「テレワークの画期的なセキュリティ」がプレゼンの核であれば、それを言及する場面こそが、クライアントに耳を傾けてほしいところになります。

しかしながら、同じトーンで話し続けていると、相手は大事なポイントをスルーして聞き流してしまう可能性があります。36ページで、大切なことはあえてゆっくり、低音で話すことが大切だと、私はお伝えしました。

この話術だけでも、効き目はありますが、もっと相手が聞き耳を立てるようになる方法があります。それこそが「間」なのです。

例えば「今日一番お伝えしたいのは、新しい改良点である、○○というセキュリティ機能です」というのが、プレゼンの一番の肝だとします。この場合は「新しい改良点である」と言ったあと、1度「間」を作るのです。そして「○○というセキュリティ機能です」と続けます。すると、その言葉がズドンと相手に響くようになります。「間」を作ると、相手は「これから重要なことが語られるぞ」という合図と取り、集中して耳を傾けようとします。だからこそ、その言葉は心に響くわけです。

「間」を作るのは、相手に考えさせる時間を与える側面もあります。あなたが「新しい改良点である」で、1度「間」を取ると、相手は「なんだろう？」と、関心を持ちます。そこで次に肝心なことを話せば「なるほど！」となるのです。

では、どのくらいの「間」が適切でしょうか。基本的には1拍2拍おけばよいでしょう。しかし、ここぞという場面では、自分ではちょっと長過ぎるかなと思えるくらいの「間」を作っても大丈夫です。人は「空白の時間」が怖いため、自分で「間」を取っていると思っても、じつは、それほど取っていないことが多いのです。

それだけに「ちょっと長いかな」と思うまで「間」を作り、その後、重要な言葉をつないでいきましょう。

74ページで、プレゼンの冒頭で「通していただけますか？」と言うことが大切だと紹介しましたが、このセリフを言う直前に「間」を取ることも実践してください。

クライアントから「明日までに見積もりをお願いできますか？」と言われたときも、いきなり返事をしてはいけません。少し「間」を作って「了解いたしました」と言うのです。途端に、その言葉が重くなるのです。

通す力

33

図々しい度 ★★★★★

礼儀正しい度 ★★★★★

専門用語は なるべく使わない

どの業界にも、専門用語はあるが、プレゼンの場面で使えば、相手は何を言っているのか、わからなくなる。誰でもわかる日本語に言い換えることが大切だ。

オーバーシュート、ロックダウン、クラスター……。２０２０年の新型コロナウイルス騒動で、たびたび耳にした言葉です。小池百合子都知事が記者会見でよく使っていましたが、あまりに馴染みのない専門用語だったため、人々の心に響かなかったという意見が多数出ました。オーバーシュートは「爆発的患者急増」、ロックダウンは「都市封鎖」の意味です。確かに、日本語に置き換えたほうが、よっぽど「コロナウイルスは恐ろしい」という意識を持てますよね。

どの業界にも、専門用語があります。ＩＴ業界であれば、オンプレミス、プロポーザル、レガシー……。不動産業界であれば、イニシャルコスト、あんこ業者、越境……。

プレゼンでは、こうした専門用語を使いがちです。専門用語を散りばめると、何となく、レベルの高い内容だと感じるからです。しかし、それは大きな勘違いです。

専門用語を使って、プレゼンすると、まず相手の心には響きません。専門用語は、業界外の人にとってみれば、外国語のようなもので、何を言っているのか、わからないのです。

そのほか、間違って解釈してしまうことも起こり得ます。こちらの意図とは、真逆の解釈をすることだって、あります。

もっというと、理解できない専門用語を多用されると、相手は「わからない俺ってバカなのかな」と卑下するかもしれません。「今の時代、常識の言葉なんだろうか？」と思うものなのです。そして負けた気持ちになります。そんな気分になれば、話している人に対して、マイナスな印象を抱きます。当然、プレゼンは破談です。

プレゼンでは、専門用語は極力使わないこと。

専門用語を誰でもわかる日本語に変換することが大切です。オンプレミスは、簡単にいえば「自社運用」のことですが、これでも難しい。もっと丁寧に「コンピュータを自分の会社に設置して、自分たちで運用すること」と言い換えましょう。

一方、どうしても専門用語を使わないといけない場合もあるでしょう。そのときは、表現の言い換えを使います。「具体的に言うと」「つまり、ひと言であらわすと」という表現を使って、わかりやすく説明すれば、相手の心に響くはずです。

通す力

34

図々しい度
★☆☆☆☆

礼儀正しい度
★★★☆☆

「お客様の声」はより具体性を持たせる

製品やサービスの良さは、お客様の声で伝えるのが、キホンとなる。
しかし、そこに具体性がなければ、ウソくさくなる。
「犬」ではなく「13歳のチワワ」と表現せよ!

通す力 34 「お客様の声」はより具体性を持たせる

テレビの通販番組では、商品を紹介するときは、実際に使ったお客様の声がセットになっているケースがほとんどです。

その製品やサービスを使ったら、暮らしはどれだけ便利になるのか？　その内容を、通販会社側のスタッフが語るだけでは、何となくウソくさい印象を与えます。やらせ感が漂うからです。

一方、実際に使用しているお客様が語れば、信ぴょう性が高まります。近所の人が「これ良かったわよ」と言うようなものだからです。

通す場面でも、お客様の声は、必ず入れるべきです。そして、その数は多ければ多いほどいいです。事柄を積み上げていくことで、説得力のカタマリになります。

私の出版スクールのホームページには「出版体験談」として、これまで出版を実現させた方の声を載せています。その数は30人以上です。

なぜ、多くの声を載せたのかといえば、お客様によって、本を出したい目的が異なるからです。

その声の1つに「人の役に立つ本を出して、個人の名前を売り、独立の準備をしたかった」というものがあります。もし、同じことを考えている人がいれば、「私も本を出したい」と思ってもらえます。

　プレゼンの資料にも、できるだけ多くの、バリエーション豊富な事例を載せましょう。そうして、こう言うのです。

「御社の場合、３つめのお客様のパターンに当てはまるかと思います。いかがでしょうか？」と。

「犬」ではなく「13歳のチワワ」と表現する

　と、ここまでが、お客様の声を載せる際の「キホンのキ」です。

　じつは最近は、テレビの通販番組に登場するお客様の声を「やらせっぽい」と感じている人が増えています。

　それだけに、お客様の声は、本当に彼らに聞いた声を載せてください。前述の「出版体験談」には、クライアントの顔写真を載せているのですが、これは信ぴょう性を高めるために、ほかなりません。

さらに、その内容は「より具体的に」を意識してください。

例えば、犬の首輪のセールスをしているのであれば「飼っている犬が喜んでいます」ではなく「飼っている13歳のチワワが喜んでいます」と表現するのです。

年月も、具体的に言います。「去年」ではなく「２０１９年1月」です。

また、信ぴょう性を持たせるために「デメリット」も合わせて載せるべきです。そうすることで、お客様の声は、途端にリアルになります。

なお、食品やサプリメントなど、健康に関する商品を扱う業者の場合は、薬事法や景品表示法には、注意をすること。

「効能をうたってはいけない」「虚偽や誇大表現をしてはいけない」などのルールがあります。間違っても「必ず肌が若返ります！」などの表現はＮＧです。お客様の声を載せる際は、最大の注意を払ってください。

通す力

35

図々しい度 ★★☆☆☆

礼儀正しい度 ★★★★☆

質問がないからといって安心してはいけない

「質問が出ない＝完璧なプレゼン」と考えるのは、大きな間違い。
プレゼンの最後に質問を聞いていたら、質問は出ない。
だから20分ごとに区切って、その都度質問タイムを作れ！
質問が多く出たら、プレゼンは成功する！

通す力 35 質問がないからといって安心してはいけない

多くの人は、プレゼンをし終えたとき、相手から質問が出ないと、ほっとします。そして、上司に「しっかり説明できました。質問なしです。理解してもらえたと思います」と報告します。「質問が出ない＝完璧なプレゼン」だと思い込んでいるからです。

こういう人は、間違いなく、1時間弱のプレゼンが終わったときに「これで終わりです。何かご質問はありますか？」と聞いているのだと思います。

はっきりいって、これでは相手から質問が出ることは、ありません。なぜかといえば、1時間程度が経過し、相手は「早く終わってほしい」という気持ちになっているからです。質問なんてどうでもいいから、会議室から早く脱出したいという心境なのです。

楽しみにしていた映画でも、3時間といった長編だと、途中で早く席を立ちたくなりませんか？　それと一緒です。

さらに「何を質問したらいいのかわからない」状態ということも考えられます。

1時間のプレゼンが終わったとき、最初の10分の内容を明確に覚えていますか？

けっこう曖昧になってますよね？　これでは、質問を考えるなんて、不可能です。

またこの状態では、質問が浮かんだとしても「場違いな質問かも」と、手が挙げられないこともありえます。質問内容について、もしかしたら相手はしっかり説明しているかもしれないと思うからです。

相手から前向きな質問が出なければ、プレゼンは通らない

ここで重要なことを言います。相手から建設的な質問が出なければ、そのプレゼンがうまくいく可能性は、限りなくゼロに近づくということです。

というのも、人は、話を聞くだけではなく、自分から質問をしていくなかで、興味を高めていくものだからです。質問がないということは、興味がない可能性が高いのです。

そこで、1時間のプレゼンであれば、2〜3回に分けて、質問タイムを設けてください。

人は20分程度であれば、集中力を保つことができます。そこでブレイクタイムも含めて、質問時間を設けるのです。質問時間があれば、相手はこの20分間を、振り返ることができます。

こうして質問タイムを数回設けて、プレゼンが終わったら、「最後5分だけ、大事なところを繰り返します」といって、今回のプレゼンの振り返りを行います。というのも、いくら20分ごとに質問タイムを設けても、最初の頃の内容は、やはり忘れているものだからです。

そして最後に「何かご質問はありますか？」で締めます。すると多くの質問が出る場合があります。直前に、プレゼンの内容を振り返っているため、相手は質問しやすい状態だからです。

プレゼンをするときには「質問がない＝完璧なプレゼン」とは思わないこと。質問しやすい話の組み立てを心掛けてください。

通す力

36

図々しい度 ★☆☆☆☆

礼儀正しい度 ★★★★☆

「良いこと」→「悪いこと」の順番で

悪いことを先に話すと、あとでいくら良いことを言っても
相手は、悪いことしか記憶に残らない。
最初に、良い話をすれば、あとで悪い話をしても、
相手は、良い話を覚えるようになる！

最初に悪いところを指摘したあとに、「でも、ここは良かったよ」などと言う上司って、いますよね。その上司にとってみれば、フォローのつもりなのでしょうが、言われたほうは「何のフォローにもなってない！」と思うだけです。はっきりいって、うざい上司ですよね。

一方で、真逆のパターンで、指摘をする人もいます。

「この企画書、すごくいいね。お客様の心に響く内容になっていると思う。だけどもっと良くするために、この３つの部分を修正しようか？」

いかがでしょうか。

全然、嫌な気持ちにはならないですよね。

人は、良いことを言われると、当然、気分が良くなります。その後、悪いことを言われたとしても、良いことの印象のほうが勝るものなのです。

では、最初に悪いことを言われると、どうなるでしょうか。当然、気分は落ち込みます。そして、その後、良いことを言われても、悪い気分は覆《くつがえ》らないものなのです。

悪い話は、人の心にどっさり入り込むのだと、私は思います。

通す場面でも、悪いところを、先に話してはダメです。

プレゼンする製品やサービスが120%完璧なものであることは、まずありませんよね。例えば、「高性能で、とびきり低価格」という製品はそうそうないものです。

「高性能だけど、ちょっと割高」というのが普通です。

プレゼンの場では、「悪いところ」「劣るところ」について、触れないわけにはいきません。触れなければ、あとで大問題になってしまいます。

しかしながら、この「悪いところ」「劣るところ」を、最初に話してはいけません。冒頭で触れたように、あとで良いところをプレゼンしても、頭の片隅に「だけど、高いんだよね」という気持ちが残ってしまうからです。

ただし、悪いところが、良いところをすべて消し去る内容のものであれば、いくら、良いところを先に話しても、その効果はゼロになるので、注意してください。裏を返せば、そうしたものは、プレゼンには出しても無意味ということなのです。

通す力 37

図々しい度 ★★★★☆
礼儀正しい度 ★★★★★

相手の資料はボロボロに使い込む

プレゼンの前に「参考に」ともらった資料はただスルーしてはダメ。感謝の気持ちを伝えるとともに、読み込んだと思えるくらいの状態にして、ときには付箋を貼って、持参せよ!

プレゼンに挑む際は、事前に、その会社の資料や参考本などをもらうことがあります。あなたも「これ、よかったら読んでおいてください」などと言われ、資料が手渡されたり、郵送で送られてきた経験があるはずです。

そうした資料は、プレゼンのときにも持参するのが普通です。

では、そもそもなぜ、相手は資料を送ってくるのでしょうか。当然、プレゼンの下準備に活用してほしいからです。であるならば、しっかり読んだことをアピールするべきです。

そのため、プレゼンの場では「いただいた資料、すごく参考になりました」とお礼を言うのが、最低限のマナーです。じつは、このひと言を添えられない人が意外に多いのです。

と、ここまでが初級編です。

私は、その資料を読み込んだと思えるくらいの状態にして、持っていくようにしています。そして、こう言います。

「何度も読み返していたら、こんなにボロボロになってしまいました。せっかくいただいた資料なのに、申し訳ございません！」

この発言をしたあと、嫌な顔をする人は1人もいません。相手は、ニコっと笑ってくれます。

一歩踏み込んで、資料の大事そうな部分にマーカーで線も引いています。その資料がたいしたことない場合でも、線を引いたり、書き込んだりします。

さらに、究極の戦略があります。それは「付箋を貼る」です。

私の出版スクールの生徒の中には、セミナーに私の著書を持参してくる方も多いのですが、一番嬉しいのは、その本に多数の付箋が貼られているときです。

それを実感してからは、資料に付箋を貼ることを、実践するようになりました。マーカーで線を入れるなどの行為は、相手に見えるようにしなければいけない面倒さがあるのも事実です。

しかし、付箋であれば、否応なしに、相手の目に飛び込んできます。それを見れば「すごい。読み込んでくれている」と感激するものなのです。

付箋を貼るのは、10分でできます。

SNSの「いいね」は ムダ打ちしない

通す力 38

図々しい度 ★★★★☆

礼儀正しい度 ★☆☆☆☆

SNSの「いいね」をいつも押すと「いいね」の価値が下がる。通す場面の前後で、相手の投稿に「いいね」を押すと、相手は嬉しくなり、あなたに好意を持つ。

通す力 38 SNSの「いいね」はムダ打ちしない

あなたは、ＦａｃｅｂｏｏｋなどのＳＮＳに参加していますか？　私自身、Ｆａｃｅｂｏｏｋでは、ランチで食べたラーメンの画像をアップしたり、自分の本の増刷のお知らせをしたりと、楽しく活用しています。

なぜ、人々はこれほどまでにＳＮＳを使うのか。答えは簡単。承認欲求を満たしたいからです。

私がつながっているのは、友達だけではありません。クライアントともつながっています。

とはいえ、その人と仲良くなりたいからつながっているわけではありません。もちろん、良好な関係を築く目的もありますが、私の一番の目的は「通す場面」で、大きな力になると考えているからです。

ただし、これまで通りのＳＮＳの使い方では、大きな力にはならない。ビジネスでＳＮＳを有効活用するために、守ってほしいことがあります。それは「いいね」を無闇に押さないということです。

「いいね」をムダ打ちすると、インフレを起こし、あなたの「いいね」の価値は下がります。

さらに、頻繁に「いいね」を押していると、「この人は暇なのか？」という目で見られる可能性すらあります。仕事ができない人と捉えられてしまうかもしれないのです。

私のＳＮＳの「いいね」の押し方は、こうです。

私の出版セミナーに来てくれた方と、ＳＮＳでつながったら、その人が本講座の申し込みをする頃合いに「いいね」を押します。あるいは、クライアントと打ち合わせをする前後に、その人の投稿に「いいね」を押すこともあります。

滅多に「いいね」を押さない人から反応があったことで、相手は無意識に嬉しくなってしまうのです。その状態で、打ち合わせやプレゼンを迎えるため、その場の雰囲気は和やかになります。

また「いいね」以上に、とっておきのアクションとして、私が小出しにしているのが、コメントです。その人との関係性を強めたいときに、私はコメントを投稿するようにしています。

たかがＳＮＳ、されどＳＮＳです。通す場面では、ＳＮＳさえもうまく利用して、通す確率を上げる——そんな心構えが大切なのです。

通す力

39

図々しい度 ★☆☆☆☆

礼儀正しい度 ★★★☆☆

プレゼンで一番大切なのは、じつは「タイトル」！

プレゼンのスライドを映したり、資料を渡すとき
相手の目に、まず飛び込むのが「タイトル」。
適当に付けてしまえば、プレゼンの興味も消滅。
相手が得と思えるタイトルで、心をつかめ！

プレゼンの資料を準備するにあたって、多くの人が、適当に付けてしまっているのが「タイトル」です。

あなたは、料理の本を買うとき、まずは何をチェックしますか？　タイトルですよね。スープ料理の本を探す場合は、タイトルに「スープ」が入っているものを優先的に見ていきますよね。

プレゼンのスライドを映したり、資料を渡すときも、同じです。まずはタイトルをチェックします。そのタイトルが適当に付けられていたら、相手の興味は一気にしぼんでしまうでしょう。「うーん。何か期待外れっぽいな」と、マイナスの気持ちを持つこともありえます。

タイトルは、あなたが想像する以上に、重要な役割を担っているのです。

では、どんなタイトルが良いのか。答えは1つです。「クライアントの得になること」がひと目でわかるタイトルを付けることです。「時短を実現するための3つの画期的な改革」といった具合です。相手に「うちの会社にとって、いいことがあるな」と瞬時に思ってもらえるタイトルを付けましょう。瞬時です。10秒考えて、ようやくわかるタイトルはNGです。

タイトルを考えるときは、Ａｍａｚｏｎなど本の通販サイトを参考にするのもいいでしょう。例えば「テレワーク」についてのプレゼンをするのであれば、Ａｍａｚｏｎで「テレワーク」のキーワードで検索してみるのです。多くのヒントが転がっているはずです。

プレゼンの表題は、タイトルのみではいけません。タイトルをフォローするサブタイトルも必須です。

サブタイトルの役割は、相手に「ゴール」を伝えることです。

「このシステムを使用すると、社員の残業時間が1時間減り、結果、年間の支出が1億円減ります」といった具合です。

プレゼンのタイトルは、あなたが想像する以上に、人々の目にとまります。プレゼンのスライドを立ち上げたまま、数分間は、プレゼンの進め方などを説明するかと思います。その間、クライアントはタイトルを見続けているのです。だからこそ、タイトルは思った以上に重要なのです。

いい報告は、まずは「電話」でしろ！

通す力 40

図々しい度 ★★★★☆

礼儀正しい度 ★★★★★

電話よりも、メールが主流の時代だが、
すべてをメールで済ますのはNG。
良い報告は、電話でしたほうが、
メールで済ますよりも、相手は喜ぶ。

通す力 40　いい報告は、まずは「電話」でしろ!

昨今は、クライアントとのやりとりは、電話よりもメールが主流です。確かに電話は、相手が忙しくて、手が離せないときにでも、強引に割り込むことになります。それだけに、用事がある側も「メールで済ましておこう」という気持ちになります。

私自身、電話がかかってきたとき、その内容が、メールで事足りるものだと、「わざわざ電話なんて……」と思ってしまうものでした。

しかし、今は考え方が変わっています。きっかけは、ある出版社からかかってきた1本の電話でした。

「松尾さん！　いま増刷が決まりました！」――。

この電話を受けたとき、私は心の奥底から、嬉しい気分になったのです。ほかの出版社の担当者からは、メールで増刷の報告が入るのですが、それと比べて、何倍も電話のほうが嬉しかった。

なぜでしょうか。それは、本が売れて増刷した嬉しさだけではなく「担当者がわざわざ電話をかけてくれた」という気持ちもプラスして感じられたからです。

いい報告は、まずは電話で伝えるに限ります。例えば、通す場面で、相手から値引きの打診があったとします。その後、１度、会社に持ち帰って、上司から、値下げの承諾を得たとします。そのときは、メールではなく電話で、そのことを伝えるのです。「値引きの件、勝ち取りました！」と興奮状態で話せば、相手は「うちの会社のために、真摯に動いてくれているのか」と思います。そして、一緒に今後も仕事をしていきたいという気持ちにつながっていきます。

なお、この場合でも、相手には「念のため、のちほどメールでも送っておきますね」と伝えてください。電話の場合、履歴が残らないため、あとで「何を言っていたかなぁ」となる場合があるからです。

ちなみに、悪い報告は電話する必要はありません。お互い気まずい気持ちになるので、メールでＯＫです。

通す力

41

図々しい度 ★★★★☆

礼儀正しい度 ★☆☆☆☆

ローボールテクニックは、騙さない手法として、使う

詐欺商法として悪名高いローボールテクニック。
しかし、お客様を騙さないことを大前提にすれば、
相手も満足する結果をもたらす。
またローボールテクニックを「時間」に絡ませるのもあり！

ローボールテクニックという言葉を、ご存知な方も多いかと思います。最初に好条件を出して、相手が承諾すると、少しずつ悪条件を突き付けていく手法です。

「悪条件だったら、拒否すればいいだけ」と思いがちですが、人は〝一貫性の原理〟によって、その条件を飲んでしまうのです。

一貫性の原理とは、1度決心した行動や発言などを、貫き通したいという人間の心理のこと。

店先に「90％オフセール実施中」というポスターが貼ってあったとします。すると「よし、買おう」と思います。しかし、店内に入ると、90％オフの商品はほんの一部で、自分が気に入ったものは、たった5％オフ。それでも店員に、その商品の良さを説明されると「1度買おうと思ったしな」と、そのまま買ってしまうのです。

このローボールテクニックは、詐欺商法ともいわれている手法で、使い方を間違えると、大やけどを負うことになります。クーリングオフで返品されますし、あなた自身の評判も取返しがつかないほど落ちます。

ローボールテクニックを「お金」に絡ませる場合は、前述のような「騙す手法」は、絶対に行ってはいけません。

そうではなく、ある商品を提案し、購買意欲が高まった段階で、さらに有益な情報を提案するのが、良いローボールテクニックの使い方となります。

例えば、あるエアコンを提案し、そのあとで、上位機種を「電気代は半分です」と提案するのです。これであれば、騙しているわけではないので、問題はありません。

もう1つ、ローボールテクニックを「時間」に絡ませる方法もあります。

どうしても、クライアントに話を聞いてもらいたいときって、ありますよね。そんなときは、先方にこうお願いするのです。

「5分でいいので、お時間をいただけないでしょうか？」。

いきなり「1時間話をさせてください」では断られる場合も、5分であれば、先方は時間を割いてくれるかもしれません。

あとは、製品やサービスのアピールをするのみです。その結果、相手が「良い製品だ」と感じれば、5分を超えても、話を聞き続けてくれます。「いったん面談をＯＫしたしな」という〝一貫性の原理〟が強く働くようになるのです。

通す力

42

用件だけではダメ、カチッサー効果が有効

図々しい度 ★☆☆☆☆

礼儀正しい度 ★★★★★

プレゼンでは、既存の機能などをわざわざ言わないことも多い。しかし、相手はわかっていないこともありえる。あえて触れることで、相手に気づきを与えることもある。「相手は知らないかも」と考えて、話すことを肝に銘じよ。

通す力 42 用件だけではダメ、カチッサー効果が有効

２０２０年の新型コロナウイルス騒動で、スーパーやコンビニなどの入口には、次のような張り紙が貼られるようになりました。

「当店では、新型コロナウイルスの予防対策として店員がマスクを着用しております。ご理解のほど、宜しくお願いいたします」

ほぼ国民全員がマスクを着用していたのに、いちいち断りを入れる必要がないように思えます。それでも、ほとんどのお店が張り紙を貼りました。

じつはこれ、トラブルを未然に避けるための対策なのです。新型コロナウイルス以前であれば、店員がマスクを着けるのに、不快な気持ちを抱く人もいました。そんな人の中の一定数は、たとえ新型コロナウイルス騒動の最中であっても、店員がマスクをしていれば、文句を言います。しかし、張り紙１枚で、文句はゼロになる。「新型コロナウイルスだから、仕方ない」と、納得が生まれるからです。

このような心理現象を「カチッサー効果」といいます。自分が他人に頼みたいこと

を要求するときは、その理由をしっかり伝えれば、相手に理解してもらえる——これが、カチッサー効果です。

あえて言わないでいいことも、ちゃんと話す

コピーの順番待ちをして、後ろの人に「すいません。先にコピー取らせてください」と言われたら、ムッとしますよね。でも「すいません。1枚だけなので、先にコピー取らせてもらえませんか？」と言われたら「どうぞ」と言うはずです。まさにカチッサー効果が働いたといえます。

通す場面でも、カチッサー効果を意識することが大切です。

なぜ、その製品やサービスが良いのか、その理由を話すことで、納得が生まれます。そして、その理由は多ければ多いほど、相手からの納得を得やすくなります。前述のコピーについても「すいません。急用があります。1枚だけなので〜」と、理由の数を増やせば、さらに「どうぞ」と言われやすくなります。

プレゼンでは、両者ともに理解しているであろうことは、あえて省いて話そうとする傾向が強いといえます。時間は限られているし、イチオシの部分を強く推したほうがいいと考えるからです。でも、それではだめなのです。

「これが新しい機能になります。いかがでしょう？」

「これが新しい機能になります。当然、従来のＡＢＣＤという機能も兼ね備えているので、忙しいときは、新機能を使い、そうではないときは従来の機能を使うことができます」

いかがでしょうか。後者のほうが、良いプレゼン内容であることがわかるはずです。「相手はわかっているはずだ」という思い込みは、捨ててください。その製品やサービスの良さについて、省くことなく、伝えるのです。

「はい」を5回続けさせるYESの法則

通す力

43

図々しい度 ★★★★★
礼儀正しい度 ★☆☆☆☆

人は、基本的には「ノー」と言いたい。
しかし、最初に「イエス」を繰り返し言わせれば
相手の頭の中はイエス脳になる。
通す場面でも、イエス脳にしてから、本命の提案をせよ。

２０１４年までフジテレビで放送されていた「笑っていいとも！」では、最初のコーナーの「テレフォンショッキング」で、司会のタモリさんは、客席に向かって「いい天気ですね！」と呼び掛けていました。すると、客席から「そうですね！」という声が返ってきていましたよね。この「そうですね！」を何度か繰り返すのが、いつものパターンでした。

ではなぜ、タモリさんは、観客に「そうですね！」と、繰り返し言わせていたのでしょうか。それは、彼らの頭の中を「イエス脳」にするためだったのです。

人は、何度も「イエス」と言っていると、「ノー」とは言いにくくなっていきます。タモリさんは、その心理を利用して、観客との一体化を図ったのです。「笑っていいとも！」で、観客の盛り上がりがすごかったのは、タモリさんの仕掛けの賜物だと、私は確信しています。

ポイントは「そうですね！」と、5度ほど繰り返し言わせること。1度ではダメです。イエス脳にするには、ある程度の繰り返しが必要なのです。

通す場面でも、相手の頭の中を「イエス脳」にすれば、提案が通りやすくなります。例えば、自社内の会議で、あなたが「業務改善の提案」をするとします。そのとき、いきなり本命から切り出すと、「なんだ？」となりかねません。

人は基本的に新しい申し出は断りたいと思っています。通したら、新しく1から実行しないといけないからです。

そこで、まずは会社的には係長のハンコで済むような、小さな提案を3つ4つして、出席者の頭の中を「イエス脳」にしていくことが求められます。

誰もがしたほうがいいと思っている改善策ってありますよね。そうしたことから提案していくのです。「電気のこまめなオフ運動」といったもので構いません。全員が「そうだな」と思える提案をしていきます。

そうすれば、会議の場は一体感に包まれるようになっていきます。このときなのです。本命の提案をするのは。

「ノー」と言うのが、ちょっと気まずい空気になっているため、その提案が常識に沿ったものであれば、通る確率はかなりアップするのです。

図やグラフを多用する

通す力

44

図々しい度
★☆☆☆☆

礼儀正しい度
★★★★☆

言葉だけでは、相手の心には残らない。
プレゼンの資料を作る上では、図やグラフも多用せよ。
視覚的に訴えることで、ありありと理解でき、
心にも残るようになる！

弊社の出版スクールの説明会で、私は一見高く見える「講座の費用85万円」が、じつは本を出版する上では、かなり手ごろな値段であることを、いつも丁寧に説明しています。85万円といえば、中古の軽自動車と同じくらいの価格です。単に「じつは安いんですよ」と言っても、まったく伝わらないでしょう。

そこで私は、ホワイトボードに自費出版の値段（300万円〜1000万円）を書き、本を出版するにあたって、85万円がじつはどれだけ安いのかを具体的に説明しています。口頭でも話しますが、視覚的にも訴えることで、初めて参加者に「本当に割安だ」と思ってもらえるのです。

人は、私たちが想像する以上に、言葉の処理能力が足りません。しかも、言葉で入った情報は、すぐに記憶から抜け落ちます。

そこに図やグラフなどがあると、ありありと頭で理解できるようになります。さらに、視覚で得た情報は、記憶に残りやすい利点もあります。

あなたは、「顔」は思い出せるのに「名前」が出てこないことはありませんか？ありますよね。では「名前」は出てくるのに「顔」が思い出せないことは？　あまりないはずです。

つまり、視覚というものは、言葉よりも、人の記憶に残るものなのです。

プレゼンの資料を作るときにも、図やグラフを多用することが大切になります。前述したように、相手に理解されやすくなるとともに、記憶にも残るようになるからです。通す場面で、図やグラフは大きな存在だといえるのです。

資料を作る上では、常に「これは図になるかな」「グラフにするといいのでは？」と考えていくとよいでしょう。

なお、グラフや表は、エクセルで作るのが基本ですが、そのまま使うのでは、見栄えが悪く、良い印象は持たれません。相手に雑な仕事をしている印象を与えてしまう可能性もあります。

例えば、表については、罫線が多すぎるのが、見栄えを悪くするので、まずは、余計な線を消しましょう。さらに、行間を空けたり、フォントを変えたりすることで、見栄えはかなり良くなります。

図やグラフは、あなたのプレゼンの資料のクオリティを格段に上げる存在です。見栄えの良いものを作って、クライアントの心をつかみましょう。

プレゼン中、実物を置いておく

通す力 **45**

図々しい度 ★★☆☆☆

礼儀正しい度 ★★☆☆☆

百聞は一見に如かず。
口頭で説明しても、実物を見たほうが理解を得やすい。
プレゼンの場でも、できるだけ実物を置こう。
相手の理解と記憶はぐっと深まる！

私の出版実現セミナーの会場には、25冊の私の著書をテーブルに並べています。別のテーブルには、これまでスクール生が出版した１５０冊の本をずらりと陳列しています。

私は、この実物を置くということに、かなり力を注いでいます。１６８ページで触れたように、視覚的に訴えると、ありありと頭で理解できるようになりますし、記憶にも残りやすくなるからです。

さらに写真ではなく、実物を置くことで、実際に本を手に取って見ることができるようになります。そうすることで「私も本を出したい」「出版できるかも？」という気持ちがより強くなるのです。

冷蔵庫を買うときは、実際に家電量販店に足を運びますよね。ネット通販の商品紹介文だけでは、その善し悪しの判断をすることが難しいからです。実際に、ドアの開け閉めをしたり、野菜室の大きさを確かめたりしてから、購入する冷蔵庫を決めると思います。

つまり、どんなに言葉で説明をしたとしても、最終的には「リアル」を見て、購入するか否かを決めているのです。だからこそ私は、実物を置くことを重要視しているのです。

さらに私が行っているのは「実物を1日中ずっと置いておく」です。そうすることで、セミナー生の目に否が応でも飛び込んでくるからです。その時間が長ければ長いほど、接触頻度が増え、理解や記憶を深めていく――そう私は実感しています。

通す場面でも、実物を徹底活用しましょう。

介護向けの消臭スプレーの製造を行うベンチャー企業では、病院へのプレゼンの場に、アンモニア臭のする布切れと消臭スプレーを持ち込むそうです。紙資料はＡ４用紙1枚程度で「まずは実験します」と切り出すといいます。まさに〝百聞は一見に如かず〟というわけです。

「うちのプレゼンするものはカタチがない！」と言う人もいるかもしれません。いえ、何かしらあるはずです。例えば、「省エネ」というテーマで「年間１００万円の削減が期待できる」とプレゼンするときは、実際に１００万円を持参し、札束を見せればいいのです。

通す力

46

図々しい度 ★★★★☆

礼儀正しい度 ★☆☆☆☆

プレゼンでは「断られる」ことを期待する

プレゼンに「採用されたい」気持ちで挑むと緊張し、満足のいくトークができない。断られてもOKの気持ちであれば、のびのび話せる。たとえダメでも、相手の意見を次のプレゼンに生かせる。

通す場面では、おそらく全員が「採用されたい」と思っているはずです。

しかし私は、心のどこかで「断られてもＯＫ」という気持ちでいます。

なぜかといえば、そのほうがリラックスして挑めるからです。「採用されないと……」と思うと、緊張してしまうものです。その結果、満足のいくプレゼンができないこともありえます。もちろん緊張感を持って挑むことも大切ですが（１７９ページ参照）、度が過ぎてしまえば、プレゼンは失敗を招きます。

また、「断られてもＯＫ」の気持ちでいると、相手に卑下することもなく、正々堂々と話すことができる――これも大きなメリットです。

その結果、表情や言動にゆとりが出て、相手に「自信があるな」と思ってもらえるようになるのです。

と、ここまでは初級編です。私が「断られてもＯＫ」というスタンスを取る最大の理由は、断られることで多くの気づきが得られるからなのです。

プレゼンの途中では、相手からさまざまな意見をもらいます。ダメ出しの言葉もあるでしょう。その言葉を真摯に受け止め、プレゼンの修正を行うのです。そうすれば、次のプレゼンでは、精度を上げて、挑むことができます。

こうした助言を普段、社外の人からもらえることは、まずありません。プレゼンするだけで、タダで有料級のアドバイスがもらえるのです。

生命保険会社のセールスレディでトップクラスの売上を誇るある女性は、飛び込み営業をする際、相手が初見の場合は、「どうやって断られるのか」を楽しみにしているそうです。どうせ断られるんだから、その理由をエンジョイしようというスタンスです。そうして断られる傾向をつかんでいるそうです。

そう考えると、プレゼンでダメ出しが出ても「よし次の精度を上げるチャンスだ」と思えてきませんか？　2度3度断られても、次のクオリティが2倍3倍になるチャンスと捉えればいいのです。

どんなプレゼンの達人でも、百発百中で通すことは、はっきりいって不可能です。それだけに「断られる」ことに悩む必要など、ないのです。

通す力 47

図々しい度 ★★★★★

礼儀正しい度 ★★★★★

とにかく人の話を最後まで聞く

人は話を聞くよりも、話をしたい動物。
相手の話を最後まで聞けば、承認欲求は満たされる。
また、情報収集のためにも、話を聞け。
そうすれば、相手を褒める情報が集まる！

とにかく人の話を最後まで聞く

人は、他人の話を聞くよりも、自分で話していたい動物です。井戸端会議では、みんな、それぞれ自分の話をしていますよね。まともに聞いてる人なんて、いません。通す場面では、基本的に話すのは、プレゼンする側です。しかし、人の本能は「自分が話したい」ですから、聞く側も、ときに大いに話します。

あなたがプレゼンをしているとき、相手が話し出したら、どうしますか？　もしかしたら途中で、言葉をさえぎっていませんか？　これでは相手の承認欲求は満たされず、不快な気持ちを抱かせてしまいます。

プレゼンの場で、相手があえて話をしているということは、その人は、自分の知識を披露したい状態なのかもしれません。

だったら、相手が話し終わるまで、しっかり耳を傾けるべきなのです。「なるほど」「確かに！」などと相槌を打ちながら聞けば、相手は喜びます。相手の承認欲求を満たすためにも、最後まで話を聞きましょう。

そして相手が話し終えたら、「すごく勉強になります」と言って、メモを取っておきましょう（43ページ参照）。

プレゼンの場以外でも、相手が話し出したら、さえぎらないことです。雑談でも何でもとりあえず聞くのです。なぜかといえば、相手の情報を集められるからです。

通す場面では、本題に入る前、徹底的に相手を褒めることが大切です（54ページ参照）。その褒める要素は、相手の話の中に隠されていることが多いのです。例えば、相手が「最近、時計を買った」ことを話し出したとします。

「最近、時計を買ったんですよ。女房を説得したんですけど、大変でした（笑）」

私なら、こう褒めます。

「僕も時計が大好きなんです。奥様を説得できるなんてすごい！　ぜひ、そのワザをご伝授ください！」

「最近、時計を買った」で話を止めてしまえば、女房を説得したことはわからないままです。情報がたくさんあれば、後出しじゃんけんの法則で、相手に適した返しをすることができるのです。

相手が話し出したら、口にチャックをする――。それが大事なのです。

笑顔、そして適度の緊張で挑む

通す力

48

図々しい度 ★★★★★

礼儀正しい度 ★★★★★

怒ったような顔では、相手はあなたに距離を置く。
笑顔で挑めば、相手も笑顔になり、場は和み、安心感も得られる。
さらに大事なのは、適度な緊張具合。
笑顔と緊張で、プレゼンに挑め！

あなたは、通す場面で、笑顔を心掛けていますか？

もしかしたら、喋ることに夢中で、怒ったような顔になっていませんか？　そんな顔では、相手は好んで話を聞こうとはしません。

私たちは、相手の表情に合わせて、同じ表情をする傾向にあります。あなたも相手が怒っていたら、笑っていられますか？　無理ですよね。

一方、相手が笑顔でいれば、自分も自然に笑顔になります。そして、相手の話にも、前向きに耳を傾けようとするでしょう。

通す場面では、相手に聞く耳をもってもらわなければいけません。笑顔というのは、人と人とをつなぐ接着剤なのです。

また笑顔は、相手に安心感を与える効果があります。人は、相手に警戒心がないからこそ、仕事を発注できるのです。ずる賢い表情をした人には「この人と組んで、大丈夫だろうか」と思い、一緒に仕事をしたいとは思いません。

ここまで笑顔の大切さについて話してきましたが、ビジネスの現場では、ただ笑顔を作るだけではいけません。少し緊張している雰囲気も併せ持ってください。

通す力 48 笑顔、そして適度の緊張で挑む

新入社員の面接官だとしたら、次の2人のどちらを採用したいと思いますか？

①　満面の笑顔で、「面接なんか余裕です」の人

②　少し緊張気味で、笑顔を頑張って作っている人

おそらく多くの人が②を選ぶはずです。

私の出版スクールの生徒は、それこそ億万長者の社長や医師、弁護士など社会的に成功している方も多くいます。しかし出版のオーディションでは、緊張しているのが手に取るようにわかります。それを見ると「本を出させてあげたい」という気持ちになるものです。

私は自分がプレゼンに入る前に「今日は緊張しています」と宣言しています。正直、プレゼンは慣れてきているので、たとえ初見の相手でも、あまり緊張することもなくなりました。しかし、初めての相手なのです。余裕を見せつけていたら、相手は良い印象を抱くでしょうか？　私はワザと緊張を装うこともあります。そして頑張って笑顔を作って、いざプレゼンなのです。

通す力

49

図々しい度 ☆☆☆☆☆

礼儀正しい度 ★★★★★

プレゼンの前は、相手先の町で食事しろ

プレゼンの時間ぎりぎりに到着してはいけない。早く着いて、周辺を散歩したり、食事をするべき。相手先の町を褒める材料を探せ。

通す力 49 プレゼンの前は、相手先の町で食事しろ

98ページでも触れましたが、私は「約束の時間」を厳守するために、相手先の最寄りの駅に1時間前には、着くようにしています。

もっといえば、それよりも早く、2〜3時間前に到着することも多くあります。相手先が地方であれば、前泊することもあります。

これらは、約束の時間を守るためという理由もありますが、もう1つ、相手の会社の町を知りたいという面も大きいのです。

あなたは、自分の会社にクライアントが来たとき、「この町は素敵ですね」などと言われたら嬉しい気分になりませんか？　私は素直に嬉しくなります。

私のオフィスは埼玉県狭山市にありますが、先方から「お茶畑がキレイですね」と言われると、なんとも嬉しい気持ちになります。

さらにこのとき「近くのお店で、狭山茶を頂いてきたのですが、とても美味しいですね」と言われると、その嬉しさは倍増します。

私が相手先の町に到着すると、まず周辺を歩き回ります。そうすると、プレゼンの前の挨拶のときに、使えるネタを拾うことができます。

例えば、東京都東村山市の会社を訪問するのであれば、駅前に植えられている「志村けんの木」は、外せません。「志村さんの木がありますね。思わず、拝んできましたよ」と言えば、場は和みます。

また私は、訪問先の食事処で、お昼を食べるようにしています。相手先の社員も、昼食は外食という方も多いため、話が盛り上がるのです。

「今日、坂の下の信号のところにある、ラーメン食べてきましたよ」などと言えば、そこから「好きな食べ物」「近所の名店」などの情報を得ることができます。

54ページで、相手を褒めることの大切さについて触れましたが、相手先の町や食べ物を褒めるのも、自分が褒められたことと同じように、嬉しい気持ちになるものなのです。特に、クライアントが地方のケースでは、このワザは相当な効果を発揮します。あなたが町の話題を振れば、「おらが町自慢」が始まり、プレゼン前のつかみはＯＫな状態になるのです。

通す力

50

図々しい度
★★★★★

礼儀正しい度
★★★★★

相手の話を聞くときは、前のめりになる

相手の話を聞くときは、好感を得る態度を取る。
腕組みや足組みは、絶対にダメ。
相槌を打ちながら、前のめりになって、相手の目を見るべし！

商談では、相手の話を聞く場面も多くあります。そのときは話をさえぎらないことが大切になりますが（176ページ参照）、ほかにも注意を払うべきことがあります。ついやってしまいがちなのが、腕を組んで聞く姿勢です。「なるほど」などと感心すると、つい腕を組んでしまいます。

しかし、相手によっては「あいつは偉そう」と感じます。また、腕を組むと、相手の話を拒否していると思われる可能性すらあります。

もう1つ、足を組む行為もNGです。腕を組むのと同様に、態度が大きいと思われてしまいます。足を組むのがクセの人は、無意識にしてしまうので、気を付けてください。

では、どんな姿勢が相手の好感を得るのでしょうか。私が心掛けているのは「前のめりの姿勢」です。芸能人などの取材も多い知り合いのライターさんは、これまで2人の人物が印象に残っていると言います。フェンシングの太田雄貴さんと、お笑い芸人の陣内智則さんです。

なぜ、印象に残っているのかといえば、取材中、背もたれに寄りかからず、前のめりで、取材の応答をしていたからだそうです。

前のめりになるというのは、相手に興味があることを示しています。その人にとっては「自分の話を聞いてくれている」という気持ちになるのです。

相槌も大事です。相手が話しているときは、さえぎってはいけませんが、その合間に相槌を入れることは大切です。前のめり同様に「聞いてくれている」と相手は思うからです。「なるほど」「へぇ」「すごいですね」「そうですよね」など、合いの手言葉をはさんでいきましょう。

そして、相手が話し終えたら、その話を要約して、相手に返しましょう。

人が話している途中、相手を見ないで、プレゼン資料ばかりを見ている人もいますが、絶対にいけません。

聞く態度というものは、かなり個人の差が出ます。というのも、あまり教わらないことだからです。できる人はできる。できない人はまったくできない――それが相手の話を聞く態度なのです。裏を返せば、良い聞き方ができれば、それだけ簡単に評価が上がるのです。

通す力

51

図々しい度 ☆☆☆☆☆

礼儀正しい度 ★★★★☆

同じ考えだと、まずは同調する

プレゼンで「でも、値段が高いよね」と言われたら絶対に「そんなことはありません」と否定しないこと。否定すれば、相手は自分のすべてを拒否されたと思う。「そうですね」と同調し、言葉をつないでいけ！

プレゼンに入る前、あなたが「今日は雲1つない晴天ですね」と、挨拶を交わしたとします。そのとき相手がこう返してきたら、どう思いますか？

「そうですか？　けっこう雲が出てきていますよ」

何かすごく嫌な気持ちになりますよね。そして、自分という存在を否定されたような気分にもなるでしょう。こうなると、肝心のプレゼンも「どうせ拒否してくるんだろう？」と思い、やる気を失ってしまいます。

このことから言えるのは、相手の発言に対して、否定の言葉を吐くのは、避けるべきだということです。

相手が「○○さんって、いい人ですよね」と言ってきたら、内心は「え？」と思ったとしても「そうですね」と合わせるのが大切なのです。ちょっとくらい雲が出ていても「晴天ですね！　気持ちいいです！」と答えるべきなのです。

プレゼンの場面でも、思わず「そんなことはありません」と言いたくなるシーンのオンパレードです。

例えば、あなたが新商品の一番のポイントを語り終わったとき――。

「いいとは思うけど、ちょっと高くないですか？」

よくある話ですよね。そのとき多くの人は「そんなことありません」と、つい口に出してしまいます。すると相手は、自分が否定されたと思います。そして、その後のプレゼンで、いくら相手の発言を肯定したとしても、相手は1度の否定をひきずるため、あなたに対する印象は好転しません。１つの否定は、プレゼンのすべてを壊すのです。

値段が高いと言われたら、まずは認める

だから「高くはありません！」と言ってはダメなのです。

「確かにそうですね」と、まずは高いことを認めてしまいましょう。そして、こう続

けるのです。「私もそう思って、いろいろ調べたのですが、値段を上回る、メリットがたくさんあったのです」――。

冷静に考えれば、この言い回しも、結局は否定しています。しかし、言われた側はそうは思わないのです。

では、「このサービス、クオリティも値段もひどすぎるよ」といった具合に、取り付く島のないことを言われた場合は、どうしたらいいのでしょうか。

その場合は、１度話を切って持ち帰るのも、１つの方法です。相手は気持ちが高ぶりすぎて、振り上げたこぶしが下げられない状態かもしれないからです。

１週間後などに再度打ち合わせの機会を設ければ、その人の気持ちは落ち着いているかもしれません。「この発言は同調しても、意味がない」と感じたときは、時間を置くことも考えてください。

通す力

52

図々しい度 ★★★★★

礼儀正しい度 ★★★★★

クライアント全員の目を見て、話す

プレゼンの資料を見ながら、目を落として話すな。
相手は「プレゼンに自信がない」と考える。
決定権者だけではなく、1人ひとりの目を見て話せ。
そうすれば、あなたの気持ちは全員に伝わるようになる。

我が国の総理大臣は、記者会見で、カメラの向こう側にいる国民の顔を見ようとせずに、いつも話をしています。目の前の台本を読んだり、右斜め前にある、原稿を投射したプロンプターと呼ばれる装置を見て話すばかりです。インターネットのＳＮＳには「気持ちが伝わらない」といった批判の声が相次いで、投稿されています。

プレゼンでも、資料に目を落とし、顔を上げずに話す人をよく見かけます。これでは、相手に気持ちが届くはずがありません。「自分の提案に自信が持てないんだな」という印象を与える可能性もあります。

それだけにまずは「相手の目を見て話す」ことを徹底してください。資料を一切見るなとまではいいませんが、値段や最大の特徴といったプレゼンの核となる部分は、頭に叩き込んでおき、相手の目を見ながら、伝えるようにしましょう。

プレゼンでは、聞き手が複数いるのが普通です。10人以上いることもあるでしょう。そんなときあなたは、誰の目を見ますか？

「何となく全体を見てる」という人もいるでしょう。しかし、カタマリで見ていると、誰も見られているとは感じません。これでは、資料に目を落として話しているのとまったく同じで、残念ながら相手に気持ちが届くことはありません。

「決定権者だけを見ている」という人もいるでしょう。しかし、それも間違いです。「ザコは相手にするな！」（18ページ参照）でも触れましたが、決定権者以外の人の気分を損なう行動や言動もＮＧです。決定権者だけを見て、プレゼンをしたら、ほかの社員は、間違いなく嫌な気持ちを抱きます。「部長にだけコビを売っているみたいだ！」と思われるだけです。

プレゼンでは、1人ひとりにアイコンタクトをすること——これがとても重要になってきます。

1人につき1秒でも構いません。視線を交わすことが大切なのです。0秒と1秒は大違いなのです。さらに目が合ったら、時にうなずきましょう。これでお互いの信頼関係を築くことができます。

なお、雑用係のような新人にもアイコンタクトしてください。見られたほうは「私のことも見てくれた」と嬉しく思います。そして、彼らが出世したとき「あの人は新人のとき目を配ってくれた」と、色々な便宜を図ってくれるようになるのです。

通す力

53

図々しい度 ★★★☆☆

礼儀正しい度 ★★★★★

「部長」ではなく「○○部長」と名前で呼べ

相手の名前を呼ばず「部長」などと役職名で呼べば、相手は、自分の存在を軽視していると捉える。「清水部長」としっかり呼べば、あなたへの好感度はアップする。そして、ときにはフルネームで呼べ。

私の出版スクールでは、生徒の胸に名札を付けてもらっています。スクール生の人数が多く、全員の名前を覚えられないための処置です。

以前、名前が出てこなくて「あなた」と呼んだことがあり、言葉に血が通っていないと反省したのが、名札を付けてもらうきっかけになりました。

人は、「○○さん」などと名前で呼ばれると、ちゃんと自分と会話をしてくれていると思います。逆にいえば、名前で呼ばれないと、自分という存在は重要視されていないと思うものなのです。人との関係性を深めるためには、しっかりと名前を呼ぶことがとても大切なのです。

通す場面では、「部長、さすがのご指摘です」といった具合に、肩書を呼ぶことで済ましている人が多いのですが、それではダメです。しっかりと「清水部長、さすがのご指摘です」と言うべきなのです。意識して名前を呼ぶことで、相手のあなたに対する印象度は格段にアップするのです。

さらに、ここぞの場面では「フルネーム」で呼びます。

例えば、提案が通ったら「清水隆部長、ありがとうございます」と言って頭を下げるのです。フルネームで呼ぶのは、プライスレスです。とっておきの場面で使うようにしましょう！

名前のほか、会社名も「御社」ではなく、具体的に呼びましょう。特に、社長や幹部クラスは、会社名に相当な愛着を持っているものです。会社名を言えば、相手は「自分の会社を思ってくれている」と感じます。

通す力

54

図々しい度 ★★★★★

礼儀正しい度 ★★★★★

提出期限は相手に決めさせる

修正案の提出などが求められたら、
自分で期限を言わずに、 相手にお伺いを立てよ。
相手の提示する期限は、 あなたの想定より長いことも多い。
そうして完成度を高めた修正案で、 提案を通せ！

通す力 54 提出期限は相手に決めさせる

通す場面では、相手から修正案の提出が求められることも多くあります。提案に見込みがなければ、修正案うんぬんの話にはなりません。まさに一歩前進した状態といえます。

それだけに、その修正案のクオリティを極限まで高めて、相手先に提出したいものです。その際、気がかりになるのが「修正案の提出期限」です。日数が稼げれば、それだけ練る時間が得られます。

この提出期限の日時は、相手に決めてもらうように持っていくべきです。

なぜかといえば、あなたが考える期限とクライアントが考える期限は、必ずしも一致しないからです。

例えば、あなたが「クライアントは待って3日」と思っていたとしても、クライアントは「まぁ、今月中に出してくれればいい」と、それほど急いでいないのかもしれないのです。

こちらから3日と言ってしまえば、それだけ提出期限が短くなり、修正案のブラッシュアップも猛スピードで行わなければいけなくなります。先に相手に期限を聞いておけば、じっくりとブラッシュアップできるかもしれないのです。

とはいえ、反対のことも起こります。相手がこちらがイメージするよりも早い提出期限を求めてくるケースです。この場合は、どのように対応すればよいのでしょうか。

その期限が常識の範囲内であれば、「了解いたしました。頑張ります」と伝えましょう。一方、常識の範囲外の場合は、相手に「ちょっと厳しいのですが、佐藤部長、明後日提出する必要がある理由をお聞かせください」と、聞くようにしてください。

明確な理由がなければ、相手は「いつだったら大丈夫ですか？」と聞いてくるので、こちらから無理のない期日を伝えればよいでしょう。

先方に「急ぐ理由」がある場合は、無理してでも「了解いたしました」と言うべきです。このやりとりを通じて、相手は「こちらの無理な提案を受け入れてくれた」という負い目を持つようになります。

その結果、あなたに対して、少し申し訳なく思い、提案は通りやすくなるのです。だからこそ、徹夜してでも、質の高い提案書を仕上げるべきなのです。

通す力

55

図々しい度 ★☆☆☆☆

礼儀正しい度 ★★★☆☆

動画を
有効活用しよう

YouTubeの人気で、動画に嫌悪感を抱く人はいなくなった。
プレゼンの場で、動画を使えば、説得力が増す。
話の途中で、はさみ込めば、場の空気を変えることもできる。
2～3分の動画を、どんどんはさみ込め！

ひと昔前の不動産屋のホームページでは、室内外の写真を何枚も並べて、その物件の良さを伝えていました。中古自動車の販売サイトもそうでした。

しかし今、不動産や自動車の良さを伝えるのは、写真ではなく、動画が主流になってきています。さらに最近では、不動産についてはドローンで撮影したものも多くなっています。

私はプレゼンの場で、動画を使うことには、どちらかというと反対の立場でした。部長などの役員クラスは、年配の方も多いため、動画を使うと、嫌悪感を示すことも考えられたからです。しかし、ＹｏｕＴｕｂｅの存在が、一般的になったことで、時代は変わりました。

通す場面でも、どんどん動画を使って、サービスや製品の良さを伝えるべき時代になったのです。

例えば、お客様に湘南の不動産をおススメするとき、鎌倉の海を写真で見せるのと、動画で「サーフィンを楽しむ家族の風景」を見せるのと、どちらが説得力があるかといえば、全員が「動画！」と言うはずです。

プレゼンは、基本的には１人の喋り手が、ずっと同じトーンで話すため、聞く側は途中で集中力を切らせてしまいがちです。そんなときに有効になるのが動画なのです。動画をはさみ込むことで、プレゼンの場の雰囲気はガラリと変わります。眠気を吹き飛ばす効果もあります。

ただし、動画を流している間は、人々の会話はなくなる傾向にあるため、あまりに長いと、場が白けてしまう危険性があります。時間は２～３分ぐらいにしておきましょう。

なお動画は、プレゼンの流れの中で、違和感なく流していく必要があります。これまでパワーポイントの画面を見ていたのに、１度閉じて、ＹｏｕＴｕｂｅを立ち上げたのでは、場は興ざめします。

パワーポイントは動画を挿入することができます。ここでは挿入方法については触れませんが、ネット上でいろいろと公開されているので、ぜひ参照してください。

おわりに

ある調査によると、「人間は新たに知った情報の80％を、48時間以内に忘れてしまう」そうです。その一方で、新たに知った情報を48時間以内に他の人に話す、シェアすることで、逆に「80％以上も記憶に定着する」そうなのです。

これは、人に教えることで記憶力が4倍もアップすることを意味します。

ですから、本書を読んで「内容をしっかり覚えておこう」と思った方は、今すぐ行動をとってください！

そうです。

48時間以内に行動に移すのです。

この本でインプットした「通す力」のノウハウを、同僚や部下に教えることはもちろん、あなたがお持ちのブログやＦａｃｅｂｏｏｋ、Ｔｗｉｔｔｅｒ、Ｉｎｓｔａｇｒａｍに読後の感想や「自らがアウトプットすると決めた事項」を書き、公開するのも効果的でしょう。また、この本のノウハウをより多くの方々に伝えていただくことは、著者として大変嬉しいことです。

本書をお読みいただき、著者である私に少しでも興味を持たれた方がいらっしゃいましたら、遠慮なくご連絡ください。メールアドレスは「next@next-s.net」です。多少お時間はかかるかもしれませんが、お返事はいたします。Ｆａｃｅｂｏｏｋも実名の「松尾昭仁」で登録しています。「通す力の読者です！」とメッセージを添えて、友達申請をしてください。

また、東京の西新宿にあるセミナールームと、ＺＯＯＭによるオンラインで定期的に開催している「出版実現セミナー」「起業して食える人・食えない人セミナー」にもぜひご参加ください。読者様は特典として無料招待させていただきます（ただしおひとり様1回限り、セミナーの情報などは「ネクストサービス株式会社」のホームページでご確認ください）。

本書が出版されるまでには様々な方から応援をいただきました。まずは今回の出版企画を採用してくださり編集いただいた、自由国民社の取締役編集局長 竹内尚志様。コーディネーターのブックリンケージ中野健彦様、執筆協力をいただいた永峰英太郎様、この本を世に送り出せたのは３人のおかげです。ありがとうございました。

そして、今この本を手にしてくださっているあなた。本は読み手である読者がいなくては存在意義がありません。私の本を選び、お読みいただいて感謝しかありません。

では、この本があなたの「通す力」のエネルギーになることを祈りつつ、筆を置かせていただきます。

２０２０年８月吉日

松尾昭仁

著者から読者の皆様へ
2大特典

特典1　無料動画セミナー

『通す力』本には書けなかった“ここだけ”の話

スマホからPCから 今すぐアクセス!

http://www.next-s.net/tosutikara

特典2　プレゼントが必ずもらえる

ネクストサービス
LINE公式アカウントへ
今すぐ登録!

著者 松尾昭仁への連絡先（お気軽にどうぞ）

ネクストサービス株式会社
〒350-1331 埼玉県狭山市新狭山 2-6-61
TEL：0120-103-410　FAX：0120-089-250
ホームページ：http://www.next-s.net
メールアドレス：next@next-s.net

【松尾昭仁】【ネクストサービス株式会社】で検索

【著者プロフィール】

松尾　昭仁（まつお　あきひと）

起業コンサルタント　出版プロデューサー
ネクストサービス株式会社　代表取締役

士業や各種コンサルタント、起業家を商業出版やメディア露出で支援する戦略プロデューサー兼、コンサルタント。祖父は戦前、満州にて百貨店、自動車販売会社を経営。父は45年続く建設会社の創業社長という起業家の家系に育つ。大学卒業後、業界大手の総合人材サービス企業を経てコンサルタントとして独立。自身が企画し講師を務めるビジネスセミナーの参加者は延べ１万2000人超え。

京都女子大学などの高等教育機関、東京商工会議所をはじめとする各種団体、リクルート社、明治安田生命、SMBCコンサルティングなどの民間企業より、講演、セミナー、研修依頼を受ける講師であり、テレビ、ラジオ、新聞、ネット媒体からの取材も多い起業家。

趣味はラン＆ラーメン。ラン（ジョギング）は月間100キロ走が目標。ラーメンは年回100杯食す。2019年12月ハワイホノルルフルマラソン（42.195km）完走。

『１万2000人を見てわかった！　お金に困らない人、困る人』（集英社）、『誰でもビジネス書の著者になれる！　出版の教科書』（秀和システム）、『１万人を見てわかった　起業して食える人・食えない人』（日本実業出版社）など著書多数。

通す力　GOサインを得るコツ55

二〇二〇年（令和二年）九月二十六日　初版第一刷発行

著　者　松尾 昭仁
発行者　伊藤 滋
発行所　株式会社自由国民社
東京都豊島区高田三―一〇―一一
〒一七一―〇〇三三　https://www.jiyu.co.jp
振替〇〇一〇〇―六―一八九〇〇九
電話〇三―六二三三―〇七八一（代表）

プロデュース　中野 健彦（ブックリンケージ）
編集協力　永峰 英太郎
カバーデザイン　ＪＫ
本文デザイン　中西 啓一
印刷所　プリ・テック株式会社
製本所　新風製本株式会社